**COLEÇÃO
ABERTURA
CULTURAL**

Copyright © T. S. Eliot 1948, 1962
Copyright da edição brasileira © 2011 É Realizações
Tradução publicada por meio de acordo com a Faber and Faber Limited.
Todos os direitos reservados.
Título original: *Notes Towards The Definition of Culture*

Editor | Edson Manoel de Oliveira Filho
Produção editorial e projeto gráfico | É Realizações Editora
Preparação | Érika Nogueira
Revisão | Huendel Viana
Diagramação e capa | Nine Design Gráfico / Mauricio Nisi Gonçalves

Reservados todos os direitos desta obra. Proibida toda e qualquer reprodução desta edição por qualquer meio ou forma, seja ela eletrônica ou mecânica, fotocópia, gravação ou qualquer outro meio de reprodução, sem permissão expressa do editor.

Dados Internacionais de Catalogação na Publicação (CIP)
(Câmara Brasileira do Livro, SP, Brasil)

Eliot, T. S., 1888-1965
Notas para a definição de cultura / T. S. Eliot; tradução de Eduardo Wolf. – São Paulo : É Realizações, 2011.

Título original: Notes towards the definition of culture.
ISBN 978-85-8033-070-0

1. Cultura 2. História social I. Título.

11-13979   CDD-306.09

Índices para catálogo sistemático:
1. Cultura : História social : Sociologia   306.09

É Realizações Editora, Livraria e Distribuidora Ltda.
Rua França Pinto, 498 · São Paulo SP · 04016-002
Caixa Postal: 45321 · 04010-970 · Telefax: (5511) 5572 5363
atendimento@erealizacoes.com.br · www.erealizacoes.com.br

Este livro foi impresso pela Paym Gráfica e Editora em fevereiro de 2017.
Os tipos são da família Sabon Light Std e Frutiger Light. O papel do miolo é o Lux Cream 80 g, e o da capa cartão Ningbo C2 250 g.

NOTAS PARA A DEFINIÇÃO DE CULTURA

Definição: 1. Definição de limites; limitação (raro) – 1483
Oxford English Dictionary

T. S. Eliot

TRADUÇÃO DE **EDUARDO WOLF**

Para
PHILIP MAIRET
com gratidão e admiração

Sumário

Prefácio à Edição de 1962 9

Prefácio à Primeira Edição 11

Introdução 13

Capítulo 1 | Os Três Sentidos de "Cultura" 23

Capítulo 2 | A Classe e a Elite 39

Capítulo 3 | Unidade e Diversidade: a Região 55

Capítulo 4 | Unidade e Diversidade: Seita e Culto 75

Capítulo 5 | Uma Nota sobre Cultura e Política 93

Capítulo 6 | Notas sobre Educação e Cultura: e Conclusão 107

Apêndice | A Unidade da Cultura Europeia 125

Prefácio à Edição de 1962

Estas *Notas* começaram a tomar forma pouco antes do fim da Segunda Guerra Mundial. Quando se sugeriu que elas fossem reeditadas em brochura, reli-as pela primeira vez em anos, esperando ter de qualificar algumas das opiniões nelas expressas. Para minha surpresa, descobri que não havia nada de que me retratar, e nada que eu estivesse disposto a acrescentar. Reescrevi uma nota, na p. 76 [nota n. 2]: ainda é possível que eu tenha tentado dizer muito de modo demasiado breve, e que a noção exija maior elaboração. Aqui e ali tentei aprimorar uma frase sem lhe alterar o sentido. Devo a um amigo, o falecido Richard Jennings, a correção da grafia de uma palavra que dá uma falsa etimologia [em inglês, *autarchy*, corrigida para *autarky*, na p. 130 desta edição].

Tive a oportunidade, recentemente, de rever minha crítica literária de mais de quarenta anos e de considerar desenvolvimentos e mudanças de opinião, e tenciono um dia submeter minha crítica social à mesma consideração. Pois à medida que o homem amadurece e adquire maior experiência do mundo, pode-se esperar que os anos produzam mudanças ainda maiores em suas concepções acerca de questões sociais e políticas do que em seus gostos e em suas opiniões no campo da literatura. Por exemplo, hoje não me denominaria um "monarquista" *tout court*, como o fiz outrora: diria que sou a favor da manutenção da monarquia em todo país em que a monarquia ainda existe. Essa questão, contudo, bem como outras acerca das quais minhas concepções, ou a maneira como eu as expressaria, tenham mudado ou se desenvolvido, não é abordada no presente ensaio.

Outubro de 1961
T. S. E.

Prefácio à Primeira Edição

Este ensaio foi iniciado há quatro ou cinco anos. Um esboço preliminar, sob o mesmo título, foi publicado em três números sucessivos do *The New English Weekly*. De tal esboço, tomou forma um trabalho intitulado "Cultural Forces in the Human Order", cuja publicação se deu no volume *Prospect for Christendom*, editado pelo Sr. Maurice B. Reckitt (Faber, 1945): uma revisão desse trabalho constitui o primeiro capítulo do presente livro. O segundo capítulo é uma revisão de um ensaio publicado no *The New English Review* em outubro de 1945.

Acrescentei como apêndice o texto em inglês de três conferências radiofônicas transmitidas na Alemanha, que vieram a público sob o título "Die Einheit der Europaeischen Kultur" (Carl Habel Verlagsbuchhandlung, Berlim, 1946).

Ao longo deste estudo, reconheço uma dívida particular para com os escritos do cônego V. A. Demant, do Sr. Christopher Dawson e do falecido professor Karl Mannheim. É forçoso reconhecer tal dívida em geral, uma vez que não fiz referência, em meu texto, aos dois primeiros desses escritores, e que a dívida para com o terceiro é muito maior do que sugere o contexto em que discuto sua teoria.

Também me vali da leitura de um artigo do Sr. Dwight Macdonald, em *Politics* (Nova York), de fevereiro de 1944, intitulado "A Theory of 'Popular Culture'", e de uma crítica anônima a esse artigo na edição de novembro de 1946 do mesmo periódico. A teoria do Sr. Macdonald parece-me a melhor *alternativa* que tenho visto à minha própria.

Janeiro de 1948
T. S. E.

Introdução

> Creio que nossos estudos devem ser tudo menos sem propósito. Requerem ser conduzidos com castidade como a matemática.
>
> ACTON

Meu propósito em escrever os capítulos seguintes não é, como poderia parecer a partir de um exame superficial do sumário, delinear uma filosofia social ou política; tampouco quis que o livro fosse meramente um veículo para minhas observações sobre uma variedade de temas. Meu objetivo é ajudar a definir uma palavra – a palavra "cultura".

Assim como uma doutrina somente precisa ser definida após o aparecimento de alguma heresia, também uma palavra não precisa receber tal atenção até que comece a ser mal utilizada. Tenho observado com crescente ansiedade a trajetória desta palavra "cultura" nos últimos seis ou sete anos. Pode-nos parecer natural e significativo que durante um período de destruição sem paralelo essa palavra viesse a ter uma importante função no vocabulário jornalístico. Seu papel, claro está, é dividido com a palavra "civilização". Não busquei de modo algum, neste ensaio, determinar a fronteira entre os significados dessas duas palavras, pois cheguei à conclusão de que qualquer tentativa desse tipo somente poderia resultar em uma distinção artificial, peculiar ao livro, distinção esta que o leitor teria dificuldade em reter; e a qual, após fechar o livro, ele abandonaria com uma sensação de alívio. Usamos com frequência uma dessas palavras em um contexto em que a outra quadraria igualmente bem; há outros contextos em que uma palavra obviamente é adequada e a outra não; e não creio que isso deva causar embaraço. Já existem obstáculos inevitáveis o suficiente, nessa discussão, sem que se ergam outros desnecessários.

Em agosto de 1945, foi publicado o texto de um esboço de constituição para a "Organização das Nações Unidas para a Educação, a Ciência e a Cultura" [Unesco]. O propósito dessa organização era, em seu Artigo 1º, definido como segue:

> 1. Desenvolver e manter um entendimento e uma compreensão mútuos da vida e da cultura, das artes, das humanidades e das ciências dos povos do mundo, como base para uma organização internacional efetiva e para a paz mundial.
>
> 2. Cooperar na ampliação e na disponibilização da totalidade do conjunto do conhecimento e da cultura do mundo a todos os povos, a serviço das necessidades humanas comuns, e garantir sua contribuição para a estabilidade econômica, a segurança política e o bem-estar geral dos povos do mundo.

Não estou interessado, no momento, em extrair um significado de tais frases: cito-as apenas para chamar a atenção para a palavra "cultura" e para sugerir que, antes de agir com base em tais resoluções, deveríamos tentar descobrir o que essa palavra significa. Esse é apenas um entre inúmeros casos que podem ser mencionados, do uso de uma palavra que ninguém se propõe a examinar. Em geral, a palavra é usada de dois modos: por uma espécie de sinédoque, quando o falante tem em mente um dos elementos ou evidências de cultura – tais como "arte"; ou, como na passagem citada, como um tipo de estimulante – ou anestésico – emocional.[1]

---

[1] O uso da palavra "cultura" por aqueles que, tal como me parece, não refletiram profundamente sobre seu significado antes de empregá-la pode ser ilustrado por inúmeros exemplos. Outro caso pode bastar. Cito-o do *Times Educational Supplement* de 3 de novembro de 1945 (p. 522):

No começo de meu primeiro capítulo, busquei distinguir e relacionar os três principais usos da palavra e chamar a atenção para o fato de que, quando usamos o termo em um desses três modos, devemos estar atentos para os demais. A seguir, tento expor a relação essencial entre cultura e religião e deixar claras as limitações da palavra "relação" como uma expressão dessa "relação". A primeira asserção importante é que nenhuma cultura surgiu ou se desenvolveu a não ser acompanhada por uma religião: de acordo com o ponto de

---

"Por que deveríamos incorporar ao nosso plano de colaboração internacional dispositivos referentes à educação e à cultura?". Tal foi a questão formulada pelo primeiro-ministro quando, dirigindo-se aos representantes de mais de quarenta nações que compareceram à Conferência das Nações Unidas para estabelecer uma Organização Educacional e Cultural em Londres, naquela tarde de quinta-feira, apresentou-lhes as saudações do Governo de Sua Majestade. [...] O Sr. Attlee concluiu afirmando que para conhecermos nossos vizinhos devemos compreender sua cultura, através de seus livros, jornais, rádio e filmes.
A ministra da Educação comprometeu-se com o seguinte:
"Agora estamos reunidos: trabalhadores em educação, em pesquisa científica e em diversos campos da cultura. Representamos aqueles que ensinam, que fazem descobertas, aqueles que escrevem, que expressam sua inspiração através da música e da arte. [...] Por fim, temos a cultura. Alguns podem argumentar que o artista, o músico, o escritor, todos os trabalhadores criativos nas humanidades e nas artes não podem ser organizados, seja nacional ou internacionalmente. O artista, diz-se, trabalha para satisfazer a si próprio. Esse poderia ter sido um argumento plausível antes da guerra. Mas aqueles de nós que se lembram da luta no Extremo Oriente e na Europa nos dias que precederam a guerra aberta sabem o quanto a luta contra o fascismo dependeu da determinação de escritores e artistas em manter os contatos internacionais que conseguiam alcançar através das barreiras fronteiriças que se erguiam rapidamente."
Vale acrescentar, por uma simples questão de justiça, que quando se trata de dizer despropósitos a respeito da cultura, não há o que escolher dentre políticos de uma classe ou de outra. Tivesse a eleição de 1945 levado ao poder o outro partido, poderíamos muito bem ter ouvido os mesmos pronunciamentos nas mesmas circunstâncias. O objetivo da política é incompatível com a estrita atenção aos significados exatos em todas as ocasiões. O leitor deve, portanto, abster-se de ridicularizar o Sr. Attlee ou a falecida Srta. Wilkinson.

vista do observador, a cultura aparecerá como o produto da religião, ou a religião como o produto da cultura.

Nos três capítulos seguintes, discuto o que me parecem ser três importantes condições para a cultura. A primeira dessas é a estrutura orgânica (não apenas planejada, mas em desenvolvimento), de tal modo que promova a transmissão hereditária de cultura dentro da própria cultura: e isso requer a continuidade de classes sociais. A segunda é a necessidade de a cultura ser analisável, do ponto de vista geográfico, em culturas locais: isso suscita o problema do "regionalismo". A terceira é o equilíbrio entre unidade e diversidade na religião – ou seja, universalidade da doutrina com particularidade do culto e da devoção. O leitor deve ter em mente que não pretendo explicar todas as condições necessárias para que uma cultura floresça; discuto três que chamaram minha atenção em particular.[2] Deve lembrar-se igualmente que aquilo que ofereço não é um conjunto de orientações para se fabricar uma cultura. Não afirmo que, ao começar a produzir essas e quaisquer outras condições adicionais, poderemos esperar seguramente que nossa civilização se aprimore. Afirmo apenas que, até onde minha observação alcança, é improvável que haja uma grande civilização onde quer que essas três condições estejam ausentes.

---

[2] Em um esclarecedor suplemento ao *Christian News-Letter* de 24 de julho de 1946, a Srta. Marjorie Reeves oferece um parágrafo muito sugestivo sobre "The Culture of an Industry" [A Cultura de uma Indústria]. Se ela, de algum modo, ampliasse seu significado, o que diz quadraria com meu próprio modo de usar a palavra "cultura". Sobre a cultura de uma indústria, que, corretamente, ela acredita dever ser apresentada ao jovem trabalhador, eis o que escreve a autora: "ela [a cultura de uma indústria] inclui a geografia de suas matérias-primas e de seus mercados finais, sua evolução histórica, invenções e base científica, sua economia e assim por diante". Tal cultura inclui tudo isso, seguramente; mas uma indústria, se quiser atrair mais do que a mentalidade consciente do trabalhador, deveria igualmente ter um modo de vida que fosse, em algum sentido, próprio aos seus iniciados, com suas formas próprias de festividade e observância. Menciono essa interessante observação acerca de uma cultura da indústria, contudo, como evidência de que estou ciente da existência de outros núcleos de cultura distintos daqueles discutidos neste livro.

Os dois capítulos restantes do livro fazem uma modesta tentativa de desembaraçar a cultura da política e da educação.

Ouso dizer que alguns leitores extrairão inferências políticas dessa discussão: o mais provável é que determinadas mentes lerão em meu texto uma confirmação ou um repúdio a suas próprias convicções e preconceitos políticos. O próprio autor não é alguém sem convicções e preconceitos políticos; a imposição deles, porém, não faz parte dos propósitos deste livro. Eis o que estou tentando dizer: aqui estão aquelas que julgo serem as condições essenciais para o desenvolvimento e para a sobrevivência da cultura. Se elas entram em conflito com alguma crença veemente do leitor – se, por exemplo, ele julga chocante que cultura e igualitarismo sejam conflitantes, se lhe parece monstruoso que alguém tenha "vantagens de nascimento" –, não lhe peço que mude sua crença, apenas peço que pare de defender a cultura da boca para fora. Se o leitor disser: "o estado de coisas que eu desejo ver realizado é *correto* (ou é *justo*,[3] ou é *inevitável*), e caso isso conduza a uma deterioração da cultura, devemos aceitar tal deterioração" – não posso, então, ter nenhuma contenda com ele. Posso mesmo, em certas circunstâncias, ver-me obrigado a apoiá-lo. O efeito de tal onda de honestidade seria que a palavra "cultura" deixaria de ser mal-empregada, deixaria de ocorrer em contextos aos quais não pertence: e resgatar tal palavra é o máximo de minha ambição.

---

[3] Devo introduzir um protesto parentético contra o mau uso da expressão corrente "justiça social". Do significado de "justiça nas relações entre grupos ou classes", ela pode passar a significar uma suposição particular quanto ao que deveriam ser tais relações; e um determinado caminho de ação pode ser defendido porque representa o objetivo de "justiça social", que do ponto de vista da "justiça", não era justo. A expressão "justiça social" encontra-se sob a ameaça de perder seu conteúdo racional – que seria substituído por uma poderosa carga emocional. Acredito que eu mesmo tenha utilizado o termo: jamais deveria ser empregado, a não ser que aquele que o utiliza esteja preparado para definir com clareza o que justiça social significa para ele, e o que ele pensa que é justo.

Do modo como são as coisas, é normal que qualquer um que advogue alguma mudança social, ou modificação em nosso sistema político, ou expansão da educação pública, ou, ainda, algum desenvolvimento no serviço social, defenda que tais medidas conduzirão a uma melhora e a um crescimento da cultura. Por vezes, a cultura, ou a civilização, é posta em primeiro plano, e somos informados de que aquilo de que necessitamos, que devemos ter e que iremos conseguir é uma "nova civilização". Em 1944, li a cobertura de um simpósio no *The Sunday Times* (31 de novembro) no qual o professor Harold Laski, ou o redator, afirmava que lutávamos a última guerra por uma "nova civilização". Laski ao menos declarava isto:

> Se concordarmos que aqueles que pretendem reconstruir o que o Sr. Churchill costuma chamar de a Grã-Bretanha "tradicional" não têm esperança alguma de atingirem tal meta, segue-se que deve haver uma nova Grã-Bretanha em uma nova civilização.

Poderíamos retrucar "não concordamos", mas isso seria não compreender meu ponto. O Sr. Laski está correto no que diz respeito ao seguinte: *se* perdemos algo de maneira definitiva e irreparável, devemos ser capazes de prosseguir sem isso. Penso, contudo, que ele pretendia dizer algo mais do que isso.

O Sr. Laski está ou estava convencido de que as mudanças sociais e políticas específicas que ele gostaria de realizar, e que ele acredita serem benéficas para a sociedade, trarão como resultado, por serem tão radicais, uma nova civilização. Isso é perfeitamente concebível: o que não estamos autorizados a concluir, no que tange às suas ou a outras mudanças na estrutura social defendidas por quem quer que seja, é que a "nova civilização" seja, em si mesma, desejável. Em primeiro lugar, porque não podemos ter nenhuma noção de como será a nova civilização: um número tão variado de causas está em ação para além daquelas que temos em mente, e os resultados dessas e de outras, agindo conjuntamente, é de tal modo incalculável que não podemos imaginar como alguém se sentiria vivendo nessa nova civilização. Em segundo lugar, porque as pessoas que viverem nessa nova civilização, pelo fato mesmo de nela viverem, serão diferentes de nós, como serão, aliás, diferentes do Sr. Laski. Cada mudança que fazemos tende a trazer à tona uma nova civilização acerca de cuja natureza somos ignorantes, e na qual seríamos todos infelizes. Uma nova civilização está, de fato, emergindo o tempo todo: a civilização de nossos dias pareceria completamente nova, com efeito, a qualquer homem civilizado do século XVIII, e não sou capaz de imaginar nem mesmo o mais ardoroso ou radical reformista de tal época regozijando-se com a civilização que ele agora veria surgir diante de seus olhos. Tudo a que pode nos conduzir uma preocupação com a civilização é melhorá-la tal como a conhecemos, pois não podemos imaginar outra. Por outro lado, sempre houve pessoas que acreditaram em determinadas mudanças como boas em si mesmas, sem que se preocupassem com o futuro da civilização, e sem que julgassem necessário defender suas inovações por meio do brilho ilusório de promessas sem sentido.

Uma nova civilização está sempre em construção: o estado de coisas de que desfrutamos hoje ilustra o que acontece com as aspirações de cada época por um futuro melhor. A questão mais importante que podemos suscitar é se existe um modelo permanente pelo qual podemos comparar uma civilização com outra, e através do qual podemos prever o progresso ou o declínio de nossa própria civilização. Precisamos admitir, comparando uma civilização com outra, e comparando os diferentes estágios de nossa própria civilização, que nenhuma sociedade e nenhuma de suas épocas apreende todos os valores da civilização. Nem todos esses valores são compatíveis entre si: o que é, pelo menos, igualmente certo é que, ao nos apercebermos de alguns desses valores, deixamos de apreciar outros. Podemos, todavia, distinguir entre culturas superiores e inferiores; podemos distinguir avanço e retrocesso. Podemos afirmar com alguma convicção que nosso próprio período é uma era de declínio; que os padrões de cultura são inferiores em relação ao que eram cinquenta anos atrás; e que as evidências desse declínio são visíveis em cada segmento da atividade humana.[4] Não vejo razão pela qual a decadência da cultura não deva se aprofundar muito mais, e tampouco por que não poderíamos mesmo prever um período, de certa duração, do qual seja possível afirmar que *não* haverá cultura alguma. A cultura, então, terá de se desenvolver novamente da terra; e quando afirmo que deverá crescer novamente da terra, não quero dizer que será trazida à tona por qualquer atividade de políticos demagogos. A pergunta que este ensaio faz é se existem condições permanentes sem as quais não se pode esperar que haja uma cultura superior.

Caso sejamos bem-sucedidos, ainda que parcialmente, em responder essa questão, devemos ficar alertas contra a ilusão de tentar produzir tais condições *com vistas a* melhorar nossa própria cultura. Pois quaisquer que sejam as conclusões definitivas a emergirem deste estudo, uma delas seguramente é a seguinte: a cultura é aquilo que não podemos ambicionar deliberadamente. Ela é o produto de uma pletora de atividades mais ou menos harmoniosas, cada uma das quais almejada em si mesma: o artista deve concentrar-se em sua tela; o poeta, em sua máquina de escrever; o servidor público, na resolução justa de determinados problemas à medida que apareçam em sua escrivaninha – cada qual de acordo com a situação em que se encontra. Mesmo que essas condições nas quais estou interessado pareçam ao leitor representar metas sociais desejáveis, ele não deve concluir apressadamente que tais metas possam ser atingidas unicamente pela organização deliberada. A divisão em classes de uma sociedade planejada por uma autoridade absoluta seria artificial e intolerável; uma descentralização sob uma direção centralizada seria uma contradição; uma unidade eclesiástica não pode ser imposta na esperança de

---

[4] Para uma confirmação baseada em um ponto de vista bastante diferente daquele a partir do qual este ensaio foi escrito, veja-se *Our Threatened Values* (1946), de Victor Gollancz.

que resultará na unidade da fé, e uma diversidade religiosa cultivada para seu próprio bem seria absurda. O ponto a que podemos chegar é o do reconhecimento de que tais condições da cultura são "naturais" aos seres humanos; que apesar de haver pouco que possamos fazer para encorajá-los, podemos combater os equívocos intelectuais e os preconceitos emocionais que se interpõem em seu caminho. De resto, devemos buscar a melhoria da sociedade, assim como buscamos melhorar a nós mesmos como indivíduos em pormenores relativamente insignificantes. Não podemos dizer: "Devo transformar-me em uma pessoa completamente diferente"; podemos dizer apenas: "Vou abandonar este mau hábito e tentar adquirir aquele que é bom". Do mesmo modo, a respeito da sociedade somente podemos dizer: "Devemos tentar aperfeiçoá-la quanto a este ou àquele aspecto em particular, em que o excesso ou a ausência é evidente; ao mesmo tempo devemos tentar abarcar tantas coisas em nossa visão, de maneira que possamos evitar, ao consertar uma delas, estragar a outra". Até mesmo isso é expressar uma aspiração maior do que podemos efetivamente alcançar: pois é tanto – ou mais – em virtude do que alcançamos aos poucos, sem compreender ou prever as consequências, que a cultura de uma época difere daquela de sua antecessora.

Capítulo 1 | Os Três Sentidos de "Cultura"

O termo "cultura" tem diferentes associações caso tenhamos em mente o desenvolvimento de um *indivíduo*, de um *grupo* ou *classe*, ou do *conjunto da sociedade*. É parte de minha tese que a cultura de um indivíduo depende da cultura de um grupo ou de uma classe, e que a cultura de um grupo ou de uma classe depende da cultura do conjunto da sociedade à qual pertence aquele grupo ou aquela classe. É a cultura da sociedade, portanto, que é fundamental, e é o significado do termo "cultura" em relação ao conjunto da sociedade que deve ser primeiramente examinado. Quando o termo "cultura" é aplicado à manipulação de organismos inferiores – ao trabalho do bacteriologista, ou do agrônomo –, o significado é bastante claro, pois podemos obter unanimidade acerca dos propósitos a serem atingidos, e podemos chegar a um acordo se os atingimos ou não. Quando aplicado ao aperfeiçoamento da mentalidade e do espírito humanos, é menos provável que concordemos quanto ao significado de cultura. O termo em si, significando algo que deve ser conscientemente almejado nas questões humanas, não possui uma longa história. Como algo a ser alcançado por meio de esforço deliberado, "cultura" é relativamente inteligível quando estamos interessados no autodesenvolvimento do indivíduo, cuja cultura é contrastada com o pano de fundo da cultura do grupo e da sociedade. A cultura do grupo, igualmente, tem um significado definido em contraste com a cultura menos desenvolvida da massa da sociedade. A diferença entre as três aplicações do termo pode ser mais bem apreendida se questionarmos em que medida, em relação ao indivíduo, ao grupo e ao conjunto da sociedade, *o objetivo consciente de alcançar a cultura* tem algum sentido. Uma boa dose de confusão poderia ser evitada se deixássemos de estabelecer para o grupo aquilo que somente pode ser um objetivo do indivíduo; e para o conjunto da sociedade, o que somente pode ser objetivo de um grupo.

O sentido geral ou antropológico da palavra "cultura", tal como utilizado, por exemplo, por E. B. Taylor no título de seu livro *Primitive Culture*, floresceu independentemente dos outros sentidos; se considerarmos, porém, apenas sociedades altamente desenvolvidas e, em especial, a nossa própria sociedade contemporânea, devemos considerar a relação dos três sentidos. Aqui, a antropologia converte-se em sociologia. Entre os homens de letras e moralistas, tem sido comum discutir cultura nos dois primeiros sentidos, e especialmente no primeiro, sem relação com o terceiro. O exemplo mais facilmente evocado é *Culture and Anarchy*, de Matthew Arnold. Arnold está interessado primordialmente no indivíduo e na "perfeição" que ele deveria buscar. É verdade que, em sua famosa classificação de "Bárbaros, Filisteus e Populacho", dedica-se a uma crítica de classes; mas sua crítica restringe-se a uma denúncia dessas classes em virtude de seus defeitos, e não chega a considerar o que deveria ser a função adequada ou a "perfeição" de cada classe. O efeito, portanto, é exortar o indivíduo que alcançaria o tipo particular de "perfeição", a que Arnold chama de "cultura", a erguer-se acima das limitações de qualquer classe, em vez de concretizar os mais altos ideais a seu alcance.

A impressão de tenuidade que a "cultura" de Arnold comunica ao leitor moderno é devida, em parte, à ausência de um pano de fundo social para sua imagem. Contudo, deve-se também, penso eu, à falha em reconhecer outro modo no qual usamos a palavra "cultura", além dos três já mencionados. Existem diversas espécies de realizações que podemos ter em mente em diferentes contextos. Podemos estar pensando no refinamento de nossas maneiras – nossa *urbanidade* e *civilidade*: se for o caso, devemos pensar primeiramente em uma classe social, e no indivíduo superior como representativo do melhor daquela classe. Podemos pensar no *aprendizado* e no contato mais próximo com a sabedoria acumulada do passado: se for isso, nosso homem de cultura é o acadêmico. Podemos, ainda, estar pensando na *filosofia* em seu sentido mais amplo – um interesse por ideias abstratas, bem como a habilidade para lidar com elas: nesse caso, podemos estar nos referindo ao intelectual (com a ressalva de que tal termo é empregado hoje de maneira extremamente vaga, de modo a abranger muitas pessoas em que não se nota nenhuma evidência de força do intelecto). Ou podemos estar pensando nas *artes*: se for assim, estamos pensando no artista e no amador ou diletante. Porém, o que raramente temos em mente são todas essas coisas ao mesmo tempo. Não consideramos, por exemplo, que uma compreensão da música ou da pintura figure explicitamente na descrição do homem culto feita por Arnold; ainda assim, ninguém há de negar que tais realizações desempenham um papel na cultura.

Se considerarmos as diferentes atividades culturais listadas no parágrafo anterior, devemos concluir que nenhuma perfeição em nenhuma delas, à exclusão das outras, pode conferir cultura a alguém. Sabemos que boas maneiras sem educação, inteligência ou sensibilidade para as artes tendem ao mero automatismo; que erudição sem boas maneiras ou sensibilidade é pedantismo; que a capacidade intelectual desprovida de atributos mais humanos é admirável apenas nos mesmos termos em que o brilho de uma criança prodígio no xadrez o é; e que as artes sem o contexto intelectual são vaidade. E se não encontramos cultura em nenhuma dessas perfeições isoladamente, da mesma maneira, não devemos esperar que indivíduo algum seja bem-sucedido em todas e em cada uma delas; devemos chegar à conclusão de que o indivíduo plenamente culto é um fantasma; devemos procurar a cultura não em algum indivíduo ou grupo de indivíduos, mas em contextos cada vez mais amplos; e somos levados, no fim, a encontrá-la no padrão da sociedade como um todo. Essa é, parece-me, uma consideração bastante óbvia: mas ela é frequentemente negligenciada. As pessoas estão sempre dispostas a se considerar cultas com base em uma excelência em particular, quando na verdade não apenas lhes faltam as demais como, mais que isso, elas nem sequer percebem o que lhes falta. Um artista de qualquer tipo, mesmo um grande artista, não chega a ser, por essa simples razão, um homem de cultura: artistas frequentemente não são apenas insensíveis às outras artes para além daquelas que exercem, como por vezes têm péssimos modos ou escassos dons intelectuais. A pessoa que contribui para a cultura, por mais importante que possa ser sua contribuição, nem sempre é uma "pessoa culta".

Disso não se segue que não faz sentido em falar na cultura de um indivíduo, ou de um grupo ou classe. Apenas sugerimos que a cultura de um indivíduo não pode ser isolada daquela do grupo, e que a cultura do grupo não pode ser abstraída daquela do conjunto da sociedade; e nosso conceito de "perfeição" deve dar conta de todos os três sentidos de "cultura" ao mesmo tempo. Tampouco se segue que em uma sociedade, de qualquer nível de cultura, os grupos envolvidos com cada atividade da cultura serão distintos e exclusivos: pelo contrário, é apenas por meio de uma sobreposição e um compartilhamento de interesses, pela mútua participação e apreciação, que a necessária coesão para a cultura pode ser obtida. Uma religião requer não apenas um conjunto de sacerdotes que saibam o que estão fazendo, mas também um conjunto de seguidores que saibam o que está sendo feito.

É óbvio que, entre as comunidades mais primitivas, as diversas atividades da cultura estão inextricavelmente entrelaçadas. O *dyak* que passa a maior parte de uma estação moldando, esculpindo e pintando seu barco no formato peculiar requerido para o ritual anual de decapitação está exercendo diversas atividades culturais simultaneamente – artística e religiosa, assim como de combate anfíbio. À medida que a civilização se torna mais complexa, maior especialização ocupacional se manifesta: nas Novas Hébridas da "idade da pedra", afirma o Sr. John Layard, algumas ilhas se especializam em determinadas artes e técnicas, trocando suas mercadorias e exibindo suas realizações para a satisfação recíproca dos membros do arquipélago. Porém, apesar de os indivíduos de uma tribo, ou de um grupo de ilhas ou aldeias, poderem assumir funções diferentes – dentre as quais as mais distintas são aquelas do rei e do curandeiro –, é apenas em um estágio muito mais avançado que religião, ciência, política e arte passam a ser concebidas de forma abstrata, umas separadas das outras. E, assim como a função dos indivíduos se torna hereditária, e funções hereditárias consolidam distinções de classe ou casta – e estas, por sua vez, conduzem ao conflito –, a religião, a política, a ciência e a arte igualmente chegam a um ponto em que se trava uma batalha consciente entre elas em busca de autonomia ou de domínio. Esse conflito, em certos níveis e em determinadas situações, é altamente criativo: até que ponto ele é o resultado e até que ponto é a causa de uma consciência mais desenvolvida é algo que não precisa ser considerado aqui. A tensão interna à sociedade pode tornar-se também uma tensão interna à mente do indivíduo mais consciente: o choque de deveres na *Antígona*, que não é simplesmente um choque entre piedade e obediência civil, ou entre religião e política, mas entre leis conflitantes internas àquilo que ainda é um complexo político-religioso, representa um estágio altamente avançado de civilização: pois o conflito precisa ter algum sentido arraigado na experiência do público antes mesmo que possa ser articulado pelo dramaturgo e, assim, receber do público a resposta que a arte do dramaturgo requer.

À medida que uma sociedade se desenvolve na direção da complexidade e da diferenciação funcionais, podemos aguardar a emergência de diversos níveis culturais: em poucas palavras, a cultura do grupo ou da classe virá à tona. Não creio que esteja em questão que, em qualquer sociedade futura, assim como em qualquer sociedade civilizada do passado, deve haver esses níveis distintos. Não creio que mesmo os mais ardorosos defensores da igualdade social discordem quanto a isto: a diferença de opinião reside em saber se a transmissão da cultura do grupo deve ser por herança – se cada nível cultural deve se propagar por si mesmo – ou se é possível esperar que algum mecanismo de seleção seja encontrado, de tal modo que todo indivíduo possa, no seu devido tempo, vir a assumir seu lugar no mais alto nível cultural para o qual suas aptidões naturais o qualificam. O que é pertinente em relação a isso é que a emergência de grupos extraordinariamente cultos não ocorre sem afetar o restante da sociedade: é parte de um processo em que o conjunto da sociedade muda. E é certo – e especialmente óbvio quando voltamos nossa atenção para as artes – que, à medida que novos valores surgem e que o pensamento, a sensibilidade e a expressão se tornam mais elaborados, alguns valores anteriores desaparecem. Isso equivale a dizer simplesmente que não se pode esperar ter todos os estágios de desenvolvimento ao mesmo tempo; que a civilização não pode produzir simultaneamente grande poesia popular, em um nível cultural, e o *Paraíso Perdido*, em outro. Com efeito, se há uma coisa que o tempo seguramente traz é a perda: ganho ou compensação é quase sempre concebível, mas nunca certo.

Se, por um lado, parece que o progresso civilizacional engendrará grupos de cultura mais especializados, por outro, não devemos esperar que tal desenvolvimento seja desprovido de perigos. A desintegração cultural pode seguir-se à especialização cultural: e trata-se da mais radical desintegração de que uma sociedade pode padecer. Não é a única espécie, nem o único aspecto sob o qual a desintegração pode ser estudada; porém, qualquer que seja a causa ou o efeito, a desintegração da cultura é a mais séria e a mais difícil de reparar. (Aqui, é claro, estamos enfatizando a cultura do conjunto da sociedade.)

Não devemos confundi-la com outra moléstia, o enrijecimento em castas, como na Índia hinduísta, daquilo que pode ter sido originalmente apenas uma hierarquia de funções: ainda que, possivelmente, ambas as moléstias estejam presentes na sociedade britânica de hoje. A desintegração cultural está presente quando dois ou mais estratos se separam de tal modo que se tornam, na verdade, culturas distintas; da mesma forma, quando a cultura no nível do grupo superior se fragmenta, e cada um dos fragmentos representa unicamente uma atividade cultural. Se não me engano, alguma desintegração das classes em que a cultura é, ou deveria ser, mais altamente desenvolvida já ocorreu na sociedade ocidental – assim como alguma separação cultural entre um nível da sociedade e outro. A prática e o pensamento religiosos, a filosofia e a arte, todos tendem a se tornar áreas isoladas cultivadas por grupos sem comunicação uns com os outros. A sensibilidade artística empobrece-se em virtude de seu divórcio da sensibilidade religiosa; a religiosa, em virtude de sua separação da artística. O vestígio dos *modos* pode ser deixado para uns poucos sobreviventes de uma classe em vias de desaparecer – sobreviventes estes que, uma vez que suas sensibilidades não sejam educadas nem pela religião, nem pela arte, e que suas mentes se encontrem desprovidas do material para a conversação espirituosa, não encontrarão lugar em suas vidas para valorizar seu comportamento. E a deterioração nos níveis mais altos é uma questão que diz respeito não apenas ao grupo visivelmente afetado, mas a toda a população.

As causas de um declínio total da cultura são tão complexas quanto sua evidência é variada. Algumas podem ser encontradas nas explicações, fornecidas por diversos especialistas, das causas das doenças sociais mais prontamente percebidas, para as quais devemos continuar a buscar remédios específicos. Contudo, tornamo-nos cada vez mais cientes da extensão com que o desconcertante problema da "cultura" subjaz os problemas da relação de cada parte do mundo com as demais. Quando nos voltamos para a questão da relação das grandes nações entre si; para a relação das grandes nações com as nações menores;[1] para a relação das "comunidades" miscigenadas, como na Índia, umas com as outras; para a relação das nações-mãe com aquelas que surgiram como colônias; para a relação do colonizador com os nativos; para a relação entre os povos de áreas como as Índias Ocidentais, onde a compulsão ou a persuasão econômicas acabaram por reunir um grande número de raças diferentes: por trás de todas essas intrincadas questões, que envolvem decisões a serem tomadas por muitos homens todos os dias, está a questão do que é cultura, e a questão de saber se ela é algo que podemos controlar ou influenciar deliberadamente. Tais questões nos confrontam sempre que planejamos uma teoria, ou forjamos uma política, educacional. Se levamos a cultura a sério, vemos que um povo não necessita apenas de alimento suficiente (ainda que mesmo isso seja mais do que parecemos capazes de garantir), mas de uma *cuisine* própria e específica: um sintoma do declínio da cultura na Grã-Bretanha é a indiferença à arte de preparar comida. A cultura pode mesmo ser descrita simplesmente como aquilo que torna a vida digna de ser vivida. E é o que justifica outros povos e outras gerações dizerem, quando contemplam os vestígios e a influência de uma civilização já extinta, que aquela civilização foi *digna* de sua existência.

Já afirmei, em minha Introdução, que cultura alguma pode aparecer ou se desenvolver a não ser em relação a uma religião. Entretanto,

---

[1] Este ponto é abordado, ainda que sem nenhuma discussão do significado de "cultura", por E. H. Carr: *Conditions of Peace*, parte I, capítulo iii. Escreve Carr: "em uma terminologia deselegante, mas conveniente, que se originou na Europa Central, devemos distinguir entre 'nação cultural' e 'Estado nacional'. A existência de um grupo racial ou linguístico mais ou menos homogêneo ligado por uma tradição comum e pelo cultivo de uma cultura comum deve deixar de fornecer um caso *prima facie* para o estabelecimento ou para a manutenção de uma unidade política independente". Carr, porém, está interessado aqui no problema da unidade política, e não na preservação de culturas, ou na questão de saber se vale a pena preservar-lhes em uma unidade política.

o uso do termo "relação" aqui pode facilmente nos induzir ao erro. A suposição superficial de uma relação entre cultura e religião é talvez a fraqueza mais fundamental de *Culture and Anarchy* de Arnold. O autor dá a impressão de que Cultura (como ele usa o termo) é algo mais abrangente do que religião; que esta não é mais que um elemento necessário, fornecendo formação ética e alguma cor emotiva à Cultura, que é o valor último.

Pode causar certo espanto ao leitor que aquilo que eu disse sobre o desenvolvimento da cultura e sobre os perigos de desintegração quando uma cultura já alcançou um estágio altamente desenvolvido possa valer também para a história da religião. O desenvolvimento da cultura e o desenvolvimento da religião, em uma sociedade não influenciada pelo que lhe é externo, não podem ser isolados claramente um do outro: e dependerá do viés do próprio observador se o refinamento da cultura é a causa do progresso na religião, ou se o progresso na religião é a causa do refinamento da cultura. O que talvez nos leve a tratar religião e cultura como duas coisas distintas é a história da penetração da cultura greco-romana pela fé cristã – uma penetração que teve efeitos profundos tanto sobre essa cultura quanto sobre o desenvolvimento da prática e do pensamento cristãos. Porém, a cultura com a qual o cristianismo primitivo entrou em contato (bem como aquela do ambiente em que surgiu o cristianismo) era ela mesma uma cultura religiosa em declínio. Assim, embora acreditemos que a mesma religião possa informar uma variedade de culturas, podemos nos questionar se alguma cultura pode chegar a existir – ou a se manter – sem uma base religiosa. Podemos ir além e questionar se aquilo a que chamamos cultura e religião de um povo não são dois aspectos da mesma coisa: a cultura sendo, essencialmente, a encarnação (por assim dizer) da religião de um povo. Colocar as coisas nessa perspectiva pode esclarecer um pouco minhas reservas quanto à palavra "relação".

À medida que uma sociedade se desenvolve, um maior número de graus e de espécies de capacidades e funções religiosas – assim como de outras capacidades e funções – entrará em cena. Deve-se notar que em algumas religiões a diferenciação tem sido tão abrangente que resultou, na verdade, em duas religiões – uma para o vulgo, outra para os expertos. Os males de "duas nações" na religião são óbvios. O cristianismo resistiu a essa enfermidade melhor que o hinduísmo. Os cismas do século XVI e a subsequente multiplicação de seitas podem ser estudados quer como a história da divisão do pensamento religioso, quer como uma batalha entre grupos sociais opostos – como variação da doutrina, ou como a desintegração da cultura europeia. Ainda assim, embora essas amplas divergências de crença no mesmo nível sejam lamentáveis, a fé pode, e deve, encontrar espaço para diversos graus de receptividade intelectual, imaginativa e emotiva para as mesmas doutrinas, do mesmo modo como pode abarcar muitas variações de ordem e de rito. A fé cristã também, se considerada em seu aspecto psicológico – como sistemas de crenças e atitudes incorporadas em determinadas mentes –, terá uma história: apesar de ser um erro crasso supor que o sentido em que se pode falar de desenvolvimento ou de mudança implique a possibilidade de uma maior santidade ou iluminação divina, tornando-se acessível aos seres humanos por meio do progresso coletivo. (Não supomos que haja, por um longo período, progresso mesmo na arte, ou que a arte "primitiva" seja, enquanto arte, necessariamente inferior à mais sofisticada.) Mas um dos traços de desenvolvimento, quer assumamos a perspectiva religiosa, quer a cultural, é o surgimento do *ceticismo* – pelo qual, é claro, não quero dizer a infidelidade ou a destrutibilidade (e menos ainda a incredulidade, que é devida à indolência mental), mas o hábito de examinar evidências e a capacidade de adiar decisões. O ceticismo é um traço altamente civilizado, embora, quando degenera em pirronismo, é tal que pode matar uma civilização. Onde o ceticismo é força, o pirronismo é fraqueza: pois precisamos não apenas da força para protelar uma decisão, mas para tomá-la.

A concepção de cultura e de religião como sendo, quando cada termo é compreendido em seu contexto adequado, diferentes aspectos da mesma coisa é tal que requer uma boa dose de explicação. Antes, porém, eu gostaria de sugerir que ela nos fornece os meios para combater dois erros complementares. O mais recorrente é o de que a cultura pode ser preservada, ampliada e desenvolvida na ausência da religião. Tal erro pode ser cometido tanto pelo cristão quanto pelo infiel, e uma refutação apropriada demandaria uma análise histórica de considerável refinamento, pois a verdade não é imediatamente aparente, e pode mesmo ser contradita pelas aparências: uma cultura pode resistir e, de fato, produzir algumas de suas mais brilhantes realizações artísticas e demais resultados depois de a fé religiosa ter entrado em declínio. O outro erro é a crença de que a preservação e a manutenção da religião não precisam levar em consideração a preservação e a manutenção da cultura: uma crença que pode até mesmo conduzir à rejeição dos produtos da cultura como frívolas obstruções à vida espiritual. Estar em posição de rejeitar tal erro, bem como o anterior, requer que tomemos um ponto de vista distanciado; requer que recusemos a conclusão, quando a cultura que vemos é uma cultura em declínio, de que a cultura é algo diante do qual podemos nos manter indiferentes. E devo acrescentar que encarar a unidade entre cultura e religião desse modo não implica que todos os produtos da arte possam ser aceitos de maneira acrítica, nem fornece um critério pelo qual todos possam distingui-los imediatamente. A sensibilidade estética deve ser estendida à percepção espiritual, e a percepção espiritual deve ser estendida à sensibilidade estética e ao gosto disciplinado, antes que possamos avaliar a decadência, o diabolismo ou o niilismo na arte. Avaliar uma obra de arte por meio de padrões artísticos ou religiosos, avaliar uma religião por meio de padrões religiosos ou artísticos, deveria, no fim, culminar na mesma coisa: ainda que esse seja um fim a que nenhum indivíduo possa chegar.

O modo de considerar a cultura e a religião que tenho tentado esboçar é tão difícil que não estou certo de que eu mesmo o compreenda, exceto por lampejos, ou de que eu compreenda todas as suas implicações. Também é tal que envolve o risco de erro a cada momento por causa de alguma alteração imperceptível do significado que qualquer um dos termos possui quando os dois são tratados em conjunto, para algum significado que qualquer um deles possa ter quando considerado isoladamente. Isso é válido apenas no sentido em que as pessoas são inconscientes tanto de sua cultura quanto de sua religião. Qualquer um que tenha mesmo a mais escassa consciência religiosa deve se afligir, de tempos em tempos, com o contraste entre sua fé religiosa e seu comportamento; qualquer um com o gosto que a cultura *individual* ou de *grupo* confira deve estar ciente dos valores que não pode chamar de religiosos. E tanto "religião" quanto "cultura", além de significarem coisas diferentes entre si, deveriam significar para o indivíduo e para o grupo algo a que aspiram, e não apenas algo que possuem. Há, contudo, um aspecto sob o qual podemos ver a religião como *a totalidade do modo de vida* de um povo, do nascimento ao túmulo, da manhã à noite, e mesmo quando dorme, e tal modo de vida é também sua cultura. E, ao mesmo tempo, devemos reconhecer que, quando essa identificação é completa, ela significa em sociedades existentes tanto uma cultura inferior quanto uma religião inferior. Uma religião universal é, ao menos potencialmente, superior em relação àquela que alguma raça ou nação reivindique exclusivamente para si; e uma cultura que pratica uma religião também praticada por outras culturas é, ao menos potencialmente, uma cultura superior àquela que possui uma religião exclusivamente para si. A partir de um ponto de vista, devemos identificar; a partir de outro, devemos separar.

Assumindo, agora, o ponto de vista da identificação, o leitor deve lembrar-se – assim como o autor deve fazê-lo constantemente – do quanto é abarcado aqui pelo termo "cultura". Ele inclui todas as atividades e interesses característicos de um povo: Derby Day, Regata de Henley, Cowes, o Doze de Agosto, uma final de Copa, corridas de cachorros, *pinball*, jogo de dardos, queijo de Wensleydale, repolho cozido cortado em partes, beterraba em conserva, igrejas góticas do século XIX e a música de Elgar. O leitor pode fazer sua própria lista. E, então, temos de encarar a estranha ideia segundo a qual aquilo que faz parte de nossa cultura também faz parte de nossa religião *vivida*.

Não devemos pensar em nossa cultura como algo completamente unificado – minha lista tinha a intenção de evitar tal sugestão. E a verdadeira religião de qualquer povo europeu jamais foi puramente cristã, ou puramente qualquer outra coisa. Sempre há traços e vestígios de credos mais primitivos, mais ou menos absorvidos; sempre há uma tendência a crenças parasitárias; sempre há perversões, como quando o patriotismo, que pertence à religião natural e é, portanto, permitido e mesmo encorajado pela Igreja, é exagerado, transformando-se em caricatura de si mesmo. E é fácil demais para um povo manter crenças contraditórias e conciliar poderes mutuamente antagônicos.

A consideração de que aquilo em que acreditamos não é simplesmente o que formulamos e endossamos, mas que também o comportamento é uma crença, e que mesmo os mais conscientes e desenvolvidos de nós vivem igualmente em um nível no qual a crença e o comportamento não podem ser distinguidos, pode ser deveras desconcertante, se nos permitirmos brincar com tal reflexão. Ela confere uma importância às nossas atividades mais triviais, àquilo com que nos ocupamos a cada minuto, de tal modo que não podemos contemplar por muito tempo sem o horror do pesadelo. Quando consideramos a qualidade da integração exigida para o pleno cultivo da vida espiritual, devemos ter em mente a possibilidade da graça e os modelos de santidade para não cair no desespero. E quando consideramos o problema da evangelização, do desenvolvimento de uma sociedade cristã, temos razões para esmorecer. Acreditar que *nós* somos um povo religioso e que os outros povos não têm religião é uma simplificação que beira a distorção. Considerar que, de um ponto de vista, religião é cultura, e que, de outro, cultura é religião, pode ser muito perturbador. Questionar se o povo já não tem uma religião, na qual o Derby Day e as corridas de cães desempenham seu papel, é embaraçoso; como o é a sugestão de que parte da religião do mais alto sacerdote é o solidéu e o Ateneu. É inconveniente para os cristãos descobrir que, como cristãos, eles não creem o suficiente e que, por outro lado, eles, como todas as outras pessoas, creem em coisas demais: contudo, isso é uma consequência da reflexão segundo a qual bispos são parte da cultura inglesa, e cavalos e cachorros, parte da religião inglesa.

Costuma-se supor que existe cultura, mas que ela é propriedade de uma pequena parte da sociedade; e a partir dessa suposição é comum inferir uma de duas conclusões: ou bem que a cultura só pode dizer respeito a uma pequena minoria, e que, portanto, não há lugar para ela na sociedade do futuro; ou bem que na sociedade do futuro a cultura, que tem sido propriedade de poucos, deve ser posta à disposição de todos. Essa suposição e suas consequências lembram-nos a antipatia puritana pelos monastérios e pela vida ascética, pois assim como a cultura acessível somente a poucos é agora censurada, também a vida enclausurada e contemplativa era condenada pelo protestantismo extremista, e o celibato visto quase com tanta repulsa quanto a perversão.

Para compreender a teoria da religião e da cultura que me dediquei a expor neste capítulo, precisamos tentar evitar os dois erros alternativos: de um lado, encarar a religião e a cultura como duas coisas separadas entre as quais há uma *relação*; de outro, *identificar* religião e cultura. Mencionei em certo ponto a cultura de um povo como uma *encarnação* de sua religião; e, embora eu tenha consciência da temeridade de empregar um termo tão exaltado, não consigo pensar em nenhum outro que possa transmitir tão bem a intenção de evitar, de um lado, a *relação*, e, de outro, a *identificação*. A verdade, verdade parcial, ou falsidade de uma religião não consiste nem nas realizações culturais dos povos que professam tal religião, nem está sujeita a ser corretamente testada por eles. Pois aquilo em que se pode dizer que um povo acredita, tal como exibido por seu comportamento, é, como eu disse, sempre muito mais e muito menos do que a fé que ele professa em toda sua pureza. Ademais, um povo cuja cultura se formou juntamente com uma religião de fato parcial pode viver essa religião (em algum período de sua história, ao menos) com maior fidelidade do que algum outro povo que tenha uma luz mais verdadeira. É somente quando imaginamos nossa cultura tal como deve ser, caso nossa sociedade fosse realmente cristã, que podemos ousar falar de uma cultura cristã como a mais alta cultura; é somente em referência a todas as fases dessa cultura, que tem sido a cultura da Europa, que podemos afirmar que ela é a mais alta cultura que o mundo já conheceu. Ao compararmos nossa cultura como ela é hoje com aquela dos povos não cristãos, devemos estar preparados para descobrir que a nossa é, em um aspecto ou outro, inferior. Não negligencio a possibilidade de que a Grã-Bretanha, caso consumasse sua apostasia reformando-se de acordo com as prescrições de alguma religião inferior ou materialista, poderia se tornar uma cultura mais brilhante do que a que podemos exibir hoje. Isso não seria evidência de que a nova religião fosse verdadeira, ou de que o cristianismo fosse falso. Seria apenas prova que qualquer religião, enquanto durar, e em seu próprio nível, oferece um significado aparente para a vida, fornece suporte para uma cultura e protege a massa da humanidade do tédio e do desespero.

Capítulo 2 | A Classe e a Elite

Poderia parecer, segundo a explicação acerca dos níveis da cultura proposta no capítulo anterior, que entre as sociedades mais primitivas, os tipos superiores exibem diferenciações de função mais acentuadas entre seus membros que os inferiores.[1] Em um estágio ainda mais avançado, descobrimos que algumas funções são mais honradas do que outras, e tal divisão promove o desenvolvimento de *classes*, no interior das quais as maiores honras e os maiores privilégios são conferidos não apenas à pessoa na condição de executora de certa função, mas na condição de membro da classe. E a classe em si possui uma função, a de manter aquela parte da cultura total da sociedade que pertence à classe em questão. Precisamos ter em mente que, em uma sociedade saudável, tal manutenção de um nível particular de cultura beneficia não apenas a classe que o mantém, mas a sociedade como um todo. A consciência desse fato nos impedirá de supor que a cultura de uma classe "superior" é algo supérfluo para a sociedade como um todo, ou para a maioria, e de supor que ela é algo que *deve* ser compartilhado igualmente por todas as demais classes.

---

[1] Estou ansioso em evitar falar como se a evolução da cultura primitiva para formas superiores fosse um processo que conhecêssemos pela observação. Nós *observamos* as diferenças, *inferimos* que algumas se desenvolveram de um estágio similar àquele dos estágios inferiores que observamos: porém, ainda que nossa inferência seja legítima, não estou interessado aqui nesse desenvolvimento.

Tal consciência deve igualmente lembrar à classe "superior", uma vez que tal classe exista, que a sobrevivência da cultura em que ela está particularmente interessada depende da saúde da cultura do povo.

Tornou-se um lugar-comum do pensamento contemporâneo, agora, supor que uma sociedade assim articulada não é o melhor tipo a que podemos aspirar; mas que, com efeito, está na natureza de uma sociedade em progresso que ela venha com o tempo a superar tais divisões, e que isso está também ao alcance de nossa direção consciente, e, portanto, é um dever a nós incumbido promover uma sociedade sem classes. Embora se suponha, em geral, que as classes, em qualquer sentido que mantenha relação com o passado, desaparecerão, é agora da opinião de algumas das mentes mais avançadas que certas diferenças qualitativas entre os indivíduos ainda devem ser reconhecidas, e que os indivíduos superiores devem formar grupos adequados, dotados de poderes apropriados e talvez com variadas compensações e honrarias. Esses grupos, formados por indivíduos aptos para os poderes do governo e da administração, conduzirão a vida pública da nação; os indivíduos que os compõem serão chamados de "líderes". Haverá grupos interessados na arte, grupos interessados na ciência e grupos interessados na filosofia, assim como grupos constituídos por homens de ação: e esses grupos são o que chamamos de elites.

É óbvio que, enquanto no presente estado da sociedade encontramos a associação voluntária de indivíduos com ideias afins e a associação baseada no interesse material ou em ocupações ou profissões comuns, as elites do futuro diferenciar-se-ão em um aspecto importante de todas aquelas que conhecemos: elas substituirão as classes do passado, cujas funções positivas assumirão. Essa transformação nem sempre é explicitamente afirmada. Há alguns filósofos que consideram a divisão de classes intolerável, e outros, ainda, que a consideram simplesmente moribunda. Estes últimos podem simplesmente ignorar as classes em sua concepção de uma sociedade governada por elites e dizer que as elites "serão retiradas de todas as divisões da sociedade".

Pareceria, porém, que à medida que aperfeiçoássemos os meios para identificar os indivíduos que formarão as elites ainda em idade precoce, educando-os para seu futuro papel e acomodando-os em posições de autoridade, todas as antigas distinções de classe se tornariam uma mera sombra ou vestígio, e a única distinção de nível social seria entre as elites e o resto da comunidade, a menos que, como poderia vir a acontecer, houvesse uma ordem de precedência e de prestígio dentre as diferentes elites.

Por mais que a doutrina das elites seja apresentada moderada e discretamente, ela implica uma transformação radical da sociedade. Superficialmente, ela parece ter como objetivo nada mais que aquilo que devemos todos desejar – que todas as posições na sociedade sejam ocupadas por aqueles que são mais capazes de exercer suas funções. Temos todos observado indivíduos ocupando posições na vida para as quais nem seu caráter nem seu intelecto os qualificava, e que só vieram a ocupá-las através de educação nominal, nascimento ou consanguinidade. Nenhum homem honesto fica senão vexado com tal espetáculo. Porém a doutrina das elites implica muito mais do que a retificação de tal injustiça. Ela postula uma visão *atomizada* da sociedade.

O filósofo cujas opiniões sobre o assunto das elites merecem maior atenção, tanto por seu próprio valor quanto pela influência que exercem, é o finado Dr. Karl Mannheim. Foi, a propósito, o Dr. Mannheim quem assentou os destinos, neste país, do termo "elite". Devo salientar que a descrição que o Dr. Mannheim faz da cultura é diferente daquela que foi feita no capítulo anterior deste livro. Diz ele (*Man and Society*, p. 81): "Uma investigação sociológica sobre a cultura na sociedade liberal deve começar com a vida daqueles que criam cultura, i. e., a *intelligentsia* e sua posição dentro da sociedade como um todo".

De acordo com minha explicação, uma "cultura" é concebida como criação da sociedade como um todo, sendo, por outro lado, aquilo que a torna uma sociedade. Ela não é a criação de qualquer parte específica daquela sociedade. A função daquilo que o Dr. Mannheim chamaria de grupos criadores de cultura, de acordo com minha explicação, seria, antes, viabilizar um maior desenvolvimento da cultura em complexidade orgânica: cultura em um nível mais consciente, mas ainda a mesma cultura. Esse nível superior da cultura deve ser considerado tanto algo de valor intrínseco quanto algo que enriquece os níveis mais baixos: dessa forma, o movimento da cultura ocorreria em uma espécie de ciclo, cada classe alimentando as outras.

Eis, já, uma diferença de certa importância. Minha próxima observação é que o Dr. Mannheim está mais interessado nas elites do que em uma elite.

> Podemos distinguir [diz ele, em *Man and Society*, p. 82] os seguintes tipos de elite: a política, a administrativa, a intelectual, a artística, a moral e a religiosa. Enquanto as elites política e administrativa buscam integrar um grande número de vontades individuais, é função das elites intelectual, estética e moral-religiosa sublimar aquelas energias psíquicas que a sociedade, na luta diária pela existência, não exaure completamente.

Essa departamentalização de elites já existe, de certa forma; e, de certa forma, ela é uma coisa boa e necessária. Porém, até onde se pode observar sua existência, ela não é *de todo* uma coisa boa. Sugeri em outro lugar que uma crescente fragilidade de nossa cultura tem sido o isolamento cada vez maior das elites umas das outras, de forma que as elites política, filosófica, artística e científica estão separadas para o grande prejuízo de cada uma delas, não apenas pela interrupção de qualquer circulação geral de ideias, mas pela falta daqueles contatos e influências mútuos em um nível menos consciente, e que são, talvez, ainda mais importantes que ideias. O problema da formação, da preservação e do desenvolvimento das elites é, portanto, também o problema da formação, da preservação e do desenvolvimento *da* elite, um problema que o Dr. Mannheim não aborda.

Como introdução a tal problema, devo chamar a atenção para outra diferença entre a minha visão e a do Dr. Mannheim. Ele observa, em uma afirmação com a qual concordo (p. 85):

> A crise da cultura na sociedade liberal-democrática deve-se, em primeiro lugar, ao fato de que processos sociais fundamentais, que anteriormente favoreciam o desenvolvimento das elites culturalmente criativas, agora têm o efeito oposto, i. e., tornaram-se obstáculos à formação de elites porque segmentos mais amplos da população tomam parte ativa nas atividades culturais.

Não posso, é claro, admitir a última cláusula dessa frase tal como se apresenta. De acordo com a minha visão de cultura, o conjunto da população *deve* "tomar parte ativa nas atividades culturais" – não todos nas mesmas atividades ou da mesma forma. O que essa cláusula significa, nos meus termos, é que uma proporção crescente da população está interessada na cultura de grupo. Isso acontece, creio que o Dr. Mannheim concordaria, por meio da gradual alteração da estrutura de classes. Quanto a esse ponto, porém, parece-me que o Dr. Mannheim começa a confundir elite com *classe*. Escreve ele (p. 89):

> Se recordarmos as formas essenciais de seleção de elites que até o presente apareceram no cenário histórico, três princípios podem ser distinguidos: a seleção com base no *sangue*, na *propriedade* e nas *realizações*. A sociedade aristocrática, especialmente depois que ela cavou suas trincheiras, escolhia suas elites primordialmente de acordo com o princípio do sangue. A sociedade burguesa introduziu gradualmente, como suplemento, o princípio da riqueza, um princípio que também prevaleceu para a elite intelectual, na medida em que a educação estava mais ou menos disponível apenas para os descendentes dos mais prósperos. É verdade, obviamente, que o princípio da realização foi combinado com os dois outros princípios em períodos anteriores, porém é uma importante contribuição da democracia moderna, desde que seja rigorosa, que o princípio da realização tenda cada vez mais a se tornar o critério do sucesso social.

Estou disposto a aceitar, em linhas gerais e de bom grado, essa análise em termos de três períodos históricos. Sublinharia, contudo, que não estamos, aqui, preocupados com as elites, mas com as *classes*, ou, mais precisamente, com a evolução de uma sociedade de classes para uma sem classes. Parece-me que, nesse estágio de divisão mais aguda entre as classes, podemos distinguir também uma elite. Espera-se que acreditemos que os artistas da Idade Média eram todos homens de estirpe nobre, ou que a hierarquia[2] e os estadistas eram todos selecionados de acordo com sua linhagem?

Não creio que seja nisso que o Dr. Mannheim quer que acreditemos; antes, penso que ele esteja confundindo as elites com o segmento dominante da sociedade a que as elites serviam, segmento este do qual tomavam sua forma e cor, e para o qual alguns de seus membros eram recrutados. O esquema geral da transição da sociedade, nos últimos quinhentos anos aproximadamente, é usualmente aceito, e não tenho interesse algum em questioná-lo. Eu proporia apenas uma condição. No estágio de dominância da sociedade *burguesa* (creio que seria melhor dizer, com respeito a este país, "sociedade de classe média alta"), há uma diferença que se aplica particularmente à Inglaterra. Não importa quão poderosa ela fosse – pois agora é comum dizer que seu poder está se esvaindo –, ela não teria sido o que foi sem a existência de uma classe acima dela, da qual extraiu alguns de seus ideais e alguns de seus critérios, e a cuja condição seus membros mais ambiciosos aspiravam. Isso a diferencia da sociedade aristocrática que a precedeu, e da sociedade de massas que se espera que a suceda.

Chego, agora, a outra afirmação na discussão do Dr. Mannheim, que me parece inteiramente verdadeira. Sua integridade intelectual o impede de dissimular a melancolia de nossa atual posição; mas, até onde posso julgar, ele é exitoso em comunicar à maioria de seus leitores um sentimento de ativa esperança, ao infectá-los com sua

---

[2] Aqui, referindo-se às autoridades eclesiásticas. (N. T.)

própria fé apaixonada nas possibilidades do "planejamento". Ele diz muito claramente:

> Não temos uma ideia clara de como a seleção das elites funcionaria em uma sociedade de massas aberta em que apenas o princípio da realização fosse relevante. É possível que em tal sociedade a sucessão das elites ocorresse demasiado rapidamente e que lhe faltasse a continuidade social que é essencialmente devida à lenta e gradual ampliação da influência dos grupos dominantes.[3]

Isso levanta um problema da maior importância para minha presente discussão, com o qual não creio que o Dr. Mannheim tenha lidado com detalhe: o da *transmissão da cultura*.

Quando estamos interessados na história de certas partes da cultura, tal como a história da arte, da literatura ou da filosofia, naturalmente isolamos uma classe particular de fenômenos, embora tenha havido um movimento, que produziu livros de interesse e de valor, que buscava associar mais intimamente esses assuntos à história social geral. Contudo, mesmo tais explicações são, em geral, apenas a história de uma classe de fenômenos interpretada à luz da história de outra classe de fenômenos e, como a do Dr. Mannheim, tendem a assumir uma visão mais limitada da cultura do que a aqui adotada. O que temos de considerar são os papéis desempenhados pela elite e pela classe na transmissão da cultura de uma geração à outra.

Devemos nos lembrar do perigo, mencionado no capítulo anterior, de identificar a cultura com a *soma* de distintas atividades culturais; e se evitamos essa identificação, devemos igualmente nos recusar a identificar nossa cultura de grupo com a soma das atividades das elites do Dr. Mannheim. O antropólogo pode estudar o sistema social, a economia, a arte e a religião de uma tribo em particular; pode

---

[3] O dr. Mannheim vai além e chama a atenção à tendência da sociedade de massa para renunciar até mesmo ao princípio da realização. Essa passagem é importante; como, porém, concordo com ele quando afirma que o perigo disso é ainda mais alarmante, não é necessário citá-la aqui.

até mesmo estudar suas peculiaridades psicológicas: não é, contudo, apenas observando em detalhe todas essas manifestações e tomando-as todas em conjunto que ele terá acesso a uma compreensão da cultura. Pois entender a cultura é entender o povo, e isso significa um entendimento imaginativo. Tal entendimento jamais pode ser completo: ou ele é abstrato – e a essência lhe escapa – ou ele é *vivido*; e, na medida em que é *vivido*, o estudante tenderá a se identificar tão completamente com o povo que estuda que perderá o ponto de vista a partir do qual valia a pena e era possível estudá-lo. Entendimento envolve uma área mais extensa do que aquela de que é possível estar consciente; não se pode estar dentro e fora ao mesmo tempo. O que ordinariamente queremos dizer com entendimento de outro povo, é claro, é uma aproximação de um entendimento que cessa no ponto em que o estudante começaria a perder algo essencial de sua própria cultura. O homem que, para entender o mundo interior de uma tribo canibal, participa de um ritual de canibalismo provavelmente foi longe demais: ele jamais pertencerá inteiramente a seu povo outra vez.[4]

Levantei essa questão, no entanto, somente para reforçar minha alegação de que cultura não é apenas a soma de diversas atividades, mas um *modo de vida*. Ora, o especialista de gênio, que pode ser completamente qualificado no que diz respeito a seus dotes vocacionais para fazer parte de uma das elites do Dr. Mannheim, pode muito bem não ser uma das "pessoas cultas" que representam a cultura de grupo. Como eu disse antes, tal especialista pode ser apenas alguém que contribui de forma altamente valiosa para ela. No entanto, a cultura de grupo, tal como era encontrada no passado, jamais foi coextensiva à classe, quer a uma aristocracia, quer a uma alta classe média. Um número considerável dos membros dessas classes sempre foi conspicuamente deficiente em "cultura". Creio que, no passado, o repositório dessa cultura tenha sido *a* elite, a maior parte da qual foi colhida da

---

[4] *O Coração das Trevas*, de Joseph Conrad, sugere algo similar.

classe dominante do momento, constituindo os principais consumidores das obras do pensamento e da arte produzidas pelos membros minoritários, que se originaram nas mais variadas classes, incluindo essa própria. Algumas das unidades dessa maioria serão indivíduos; outras serão famílias. Mas os indivíduos das classes dominantes que compõem o núcleo da elite cultural não devem com isso ser cortados da classe à qual pertencem, pois sem seu pertencimento a essa classe eles não teriam um papel a cumprir. É sua função, com relação aos produtores, transmitir a cultura que herdaram; assim como é sua função, com relação ao resto de sua classe, impedir seu enrijecimento. É função da classe como um todo preservar e transmitir os padrões de *etiqueta* – que é um elemento vital em uma cultura do grupo.[5] É função dos membros superiores e das famílias superiores preservar a cultura do grupo, assim como é função dos produtores modificá-la.

Em uma elite composta de indivíduos que dela venham a fazer parte apenas por sua preeminência individual, as diferenças de antecedentes serão tão grandes que eles serão unidos apenas por seus interesses comuns, e separados por todo o resto. Uma elite deve, portanto, estar ligada a *alguma* classe, quer mais alta ou mais baixa: entretanto, enquanto existirem classes, é provável que seja a classe dominante aquela que atrairá essa elite para si. O que aconteceria em uma sociedade sem classes – coisa que é muito mais difícil de imaginar do que se pensa – leva-nos à área da conjectura. Existem, no entanto, algumas cuja especulação me parece válida.

O canal primário de transmissão de cultura é a família: homem algum escapa inteiramente do tipo, ou ultrapassa completamente o

---

[5] Para evitar equívocos nesse ponto, deve-se observar que não suponho que "bons modos" devam ser peculiares a qualquer estrato singular da sociedade. Em uma sociedade saudável, bons modos devem ser encontrados por toda parte. Assim como distinguimos, porém, os significados de "cultura" nos diferentes níveis, também distinguimos os significados mais e menos conscientes de "bons modos".

nível da cultura que ele adquiriu em seu ambiente primordial. Isso não sugere de maneira alguma que este seja o único canal de transmissão: em uma sociedade de qualquer complexidade, ele é suplementado e continuado por outros canais da tradição. Mesmo em sociedades relativamente primitivas é assim. Em comunidades mais civilizadas com atividades especializadas, em que nem todos os filhos seguiam a ocupação de seus pais, o aprendiz (idealmente, ao menos) não servia simplesmente ao seu mestre, tampouco simplesmente aprendia com ele como se aprende em uma escola técnica – ele era assimilado ao estilo de vida que acompanhava aquela arte ou aquele negócio em particular; e talvez o segredo perdido da arte seja este, que não apenas uma habilidade, mas todo um estilo de vida era transmitido. A cultura – distinguível do conhecimento sobre a cultura – era transmitida pelas mais antigas universidades: delas se beneficiaram jovens que haviam sido estudantes inúteis, e que não adquiriram nenhum gosto pelo aprendizado, ou pela arquitetura gótica, ou pelos ritos e formas do *college*. Suponho que algo da mesma espécie seja transmitido por sociedades de tipo maçônico, pois a iniciação é uma introdução a um modo de vida, não importa quão restrita seja sua viabilidade, recebido do passado e a ser perpetuado no futuro. O canal mais importante de transmissão da cultura, porém, continua sendo, de longe, a família: e quando a vida familiar fracassa em sua tarefa, devemos esperar que nossa cultura se deteriore. Ora, a família é uma instituição acerca da qual quase todos falam bem; é aconselhável, porém, lembrar que esse é um termo que pode variar em sua extensão. Na época atual, ele significa pouco mais do que seus membros vivos. E mesmo com relação a esses, é uma rara exceção que um anúncio publicitário represente uma família grande, ou três gerações: a família comum dos anúncios publicitários é composta por um casal e um ou dois filhos. O que é considerado admirável não é a devoção à família, mas a afeição pessoal entre seus membros: e quanto menor a família, mais facilmente essa afeição pessoal pode ser sentimentalizada. No entanto, quando falo de família, tenho em mente um laço que abarca um período de tempo mais longo do que esse: um sentimento de piedade para com os mortos, não importa quão obscuros, e uma preocupação com os que ainda não nasceram, ainda que remotos. A menos que essa reverência pelo passado e pelo futuro seja cultivada em casa, ela jamais poderá ser mais do que uma convenção verbal na comunidade. Tal interesse pelo passado é diferente das vaidades e pretensões da genealogia; tal responsabilidade pelo futuro é diferente daquela do idealizador de programas sociais.

Devo dizer, então, que em uma sociedade vigorosa estarão presentes tanto classes quanto elites, com certa sobreposição e constante interação entre ambas. Uma elite, se for uma elite governante, na medida em que o impulso natural de passar adiante à sua descendência poder e prestígio não seja artificialmente controlado, tenderá a se estabelecer como classe – esta é a metamorfose, creio, que leva ao que me parece ser um equívoco por parte do Dr. Mannheim. Porém, uma elite que se transforma dessa maneira tende a perder sua função como elite, pois as qualidades pelas quais seus membros originais obtiveram suas posições não serão todas igualmente transmitidas aos seus descendentes. Contudo, temos de considerar qual seria a consequência se o oposto ocorresse, e tivéssemos uma sociedade em que as funções das classes fossem assumidas pelas elites. O Dr. Mannheim parece ter acreditado que isso ocorrerá; mostrou-se consciente dos perigos, como o explicita uma passagem por mim citada; e não parece que estivesse pronto a propor salvaguardas definitivas contra eles.

Concedo que a situação de uma sociedade sem classes, dominada exclusivamente por elites, é algo sobre o que não temos informações confiáveis. Imagino que se deva entender por tal sociedade uma em que cada indivíduo inicia sua vida sem quaisquer vantagens ou desvantagens; e em que, por meio de algum mecanismo configurado pelos melhores programadores desse tipo de dispositivo, todos encontrarão seu caminho, ou serão direcionados, àquela posição na vida que estão mais bem preparados a ocupar, e toda posição será ocupada pelo homem ou pela mulher mais bem preparado para fazê-lo. É claro, nem mesmo o mais confiante esperaria que o sistema funcionasse tão bem assim: se, de modo geral, ele parecesse estar mais próximo de direcionar as pessoas certas para os lugares certos do que qualquer outro sistema anterior, deveríamos todos nos dar por satisfeitos. Quando digo "dominada", em vez de "governada" por elites, quero dizer que tal sociedade não deve se contentar em ser *governada* pelas pessoas certas: ela deve se assegurar de que os artistas e arquitetos mais hábeis ascendam ao topo, influenciem o gosto e executem as importantes incumbências públicas; ela deve fazer o mesmo pelas outras artes e pela ciência; e, sobretudo, talvez ela deva ser tal que as mentes mais hábeis encontrem expressão no pensamento especulativo. O sistema não deve fazer tudo isso pela sociedade apenas em uma situação particular – ele deve fazer isso de forma *contínua*, geração após geração. Seria loucura negar que, em uma fase particular do desenvolvimento de um país, e *para um propósito determinado*, uma elite possa fazer um ótimo trabalho. Ela pode, ao expulsar um grupo que anteriormente ocupava o poder, que em contraste consigo mesma pode ser uma *classe*, salvar, reformar ou revitalizar a vida nacional. Tais coisas já aconteceram. Temos, porém, muito poucas evidências sobre a perpetuação do governo por uma elite, e as que temos são insatisfatórias. Um tempo considerável deve transcorrer antes que possamos extrair qualquer caso da Rússia como exemplo. A Rússia é um país rude e vigoroso, além de ser também um país muito grande; e precisará de um longo período de paz e desenvolvimento internos. Três coisas podem acontecer. A Rússia pode nos mostrar como um governo estável e uma cultura próspera podem ser transmitidos apenas através de elites; ela pode se desviar para a letargia oriental; ou, ainda, a elite governante pode seguir o curso de outras elites governantes e se tornar uma classe governante. Tampouco podemos confiar em qualquer evidência vinda dos Estados Unidos da América. A verdadeira revolução naquele país não foi o que se chama de Revolução nos livros de história, mas é consequência da Guerra Civil; depois dela surgiu uma elite plutocrática; depois dela, a expansão e o desenvolvimento material do país foram acelerados; depois dela, avolumou-se aquele rio de imigração mesclada, trazendo consigo (ou melhor, multiplicando) o perigo do desenvolvimento de um sistema de *castas*[6] que ainda não foi de todo disperso. Para o sociólogo, a evidência americana ainda não está madura. Outras manifestações que temos de um governo pelas elites vêm principalmente da França. Uma classe governante, que, durante um longo período em que a Coroa era todo-poderosa, deixou de governar, foi reduzida ao nível comum da cidadania. A França moderna não tem, nem teve, classe governante: sua vida política na Terceira República, o que quer que se possa dizer sobre ela, foi *incerta*. E aqui podemos ressaltar que, quando uma classe governante, não importa quão mal ela tenha executado sua função, é removida à força, nenhuma outra assume inteiramente sua função. O "voo dos gansos selvagens" é talvez um símbolo do mal que a Inglaterra causou à Irlanda – mais seriamente, desse ponto de vista, do que os massacres de Cromwell, ou qualquer outro ressentimento que o povo irlandês possa de muito bom grado evocar. Pode ser, também, que a Inglaterra tenha causado mais danos ao País de Gales e à Escócia ao atrair gentilmente suas classes mais altas a certas escolas públicas do que com as ofensas (algumas reais, algumas imaginárias, algumas mal compreendidas) vociferadas por seus respectivos nacionalistas. Aqui, porém, novamente, desejo suspender qualquer juízo sobre a Rússia. É possível que esse país, na época de sua revolução, se encontrasse ainda em um estágio tão inicial de desenvolvimento que a eliminação de sua classe superior acabou não apenas não detendo esse desenvolvimento, como também o estimulando. Razões há, entretanto, para

---

[6] Creio que a diferença essencial entre um sistema de castas e um sistema de classes é que a base do primeiro é uma diferença tal que a classe dominante vem a se considerar uma *raça* superior.

acreditar que a eliminação de uma classe alta em um estágio mais desenvolvido pode ser um desastre para um país: e mais certamente quando essa eliminação se deve à intervenção de outra nação.

Nos parágrafos anteriores, falei, principalmente, de "classe governante" e "elite governante". Entretanto, devo lembrar ao leitor novamente que, ao nos ocuparmos de classe *versus* elite, ocupamo-nos de toda a cultura de um país, e isso envolve muito mais do que o governo. Podemos nos submeter com alguma confiança a uma elite governante, como os romanos da República entregavam o poder a ditadores, desde que tenhamos em vista um *propósito definido* em uma crise – e uma crise pode durar muito tempo. Esse propósito limitado também torna possível escolher a elite, pois sabemos para o que a estamos escolhendo. Porém, se buscamos uma maneira de selecionar as pessoas certas para constituir toda e qualquer elite, por um futuro indefinido, que mecanismo devemos utilizar? Se nosso "propósito" é apenas levar os melhores, em cada posição social, ao topo, falta-nos um critério para saber quem são os melhores; ou, se impusermos um critério, ele terá um efeito opressivo sobre a novidade. A nova obra de um gênio, seja na arte, na ciência ou na filosofia, frequentemente encontra oposição.

Tudo o que me preocupa no momento é a questão da possibilidade de, apenas por meio da educação, garantirmos a transmissão da cultura em uma sociedade na qual alguns educadores parecem ser indiferentes a distinções de classe, e da qual outros educadores parecem querer eliminar completamente as distinções de classe. Há, em todo caso, um perigo de se interpretar "educação" de maneira a abranger em demasia e não abranger o suficiente: não abranger o suficiente, quando se implica que a educação está limitada ao que pode ser ensinado; abranger em demasia, quando se implica que tudo o que vale a pena ser preservado pode ser transmitido pela educação. Na sociedade que alguns reformadores desejam, aquilo que a família pode transmitir será limitado ao mínimo, especialmente se a criança for, como espera o Sr. H. C. Dent, manipulada por um sistema educacional unificado "desde o berço até o túmulo". E a menos que a criança seja classificada pelos oficiais encarregados da tarefa de categorizá-la como sendo exatamente igual a seu pai, ela será criada em um ambiente escolar diferente – não necessariamente melhor, porque tudo será igualmente bom, porém diferente –, e instruída naquilo que a opinião oficial do momento considerar serem "linhas genuinamente democráticas". As elites, consequentemente, consistirão apenas de indivíduos cujo único laço comum será seu interesse profissional: sem coesão social, sem continuidade social. Serão unidas apenas por uma parte – aquela mais consciente – de suas personalidades; se encontrarão como comitês. A maior parte de sua "cultura" será apenas aquilo que compartilham com todos os outros indivíduos que compõem sua nação.

A tese em defesa de uma sociedade com uma estrutura de classes, a afirmação de que ela é, em algum sentido, a sociedade "natural", é prejudicada se nos deixamos hipnotizar pelos dois termos contrastantes: "aristocracia" e "democracia". Todo o problema é deturpado se usamos esses termos de maneira antitética. O que apresentei não é uma "defesa da aristocracia" – uma ênfase na importância de um órgão da sociedade. Antes, trata-se de um apelo por uma forma de sociedade em que uma aristocracia deve ter uma função essencial e peculiar, tão essencial e peculiar quanto a função de qualquer outro segmento da sociedade. O que é importante é a estrutura da sociedade em que haverá, do "topo" à "base", uma gradação contínua de níveis culturais: é importante lembrar que não devemos considerar os níveis mais elevados como possuindo *mais* cultura do que os inferiores, mas como representando uma cultura mais consciente e uma maior especialização da cultura. Estou inclinado a crer que nenhuma verdadeira democracia pode se manter a menos que abarque esses diferentes níveis de cultura. Os níveis de cultura também podem ser vistos como escalas de poder, já que um grupo menor em um nível mais elevado terá tanto poder quanto um grupo maior em um nível inferior; pois pode se argumentar que igualdade completa significa irresponsabilidade universal; e em uma sociedade tal como a que contemplo, cada indivíduo herdaria mais ou menos responsabilidade com relação à nação de acordo com a posição que herdasse na sociedade – cada classe teria responsabilidades relativamente diferentes. Uma democracia na qual todos tivessem igual responsabilidade em tudo seria opressiva para os escrupulosos e licenciosa para os demais.

Há outras razões para se defender uma sociedade matizada; e eu espero que este livro sugira, de forma geral, linhas de pensamento que eu mesmo não explorarei; contudo, devo lembrar o leitor constantemente dos limites de meu tema. Se concordamos que o veículo primordial de transmissão de cultura é a família, e se concordamos que em uma sociedade mais civilizada deve haver diferentes níveis de cultura, segue-se, então, que para garantir a transmissão da cultura desses diferentes níveis deve haver grupos de famílias persistindo, de geração para geração, cada uma no mesmo estilo de vida.

E, uma vez mais, devo repetir que as "condições de cultura" que estabeleci não produzem necessariamente a civilização mais avançada: insisto apenas que quando elas estão ausentes, é improvável que se encontre a civilização superior.

Capítulo 3 | Unidade e Diversidade: a Região

> Uma diversificação entre as comunidades humanas é essencial para a provisão do incentivo e do material para a odisseia do espírito humano. Outras nações de hábitos diferentes não são inimigas: são dádivas dos céus. Os homens requerem de seus vizinhos algo assaz semelhante para ser entendido, algo assaz diferente para provocar a atenção, e algo grande o bastante para fazer jus à admiração.
> A. N. WHITEHEAD, *Science and the Modern World*

É tema recorrente deste ensaio que um povo não deve ser nem unido nem dividido em demasia para que sua cultura floresça. O excesso de unidade pode dever-se ao barbarismo e pode levar à tirania; o excesso de divisão pode ser devido à decadência e também pode levar à tirania: qualquer excesso impedirá o desenvolvimento ulterior na cultura. O grau apropriado de unidade e de diversidade não pode ser determinado para todos os povos em todos os tempos. Podemos apenas afirmar e exemplificar alguns departamentos em que excessos ou falhas são perigosos: o que é necessário, benéfico ou deletério para um povo em particular em um momento particular deve ser deixado para a inteligência do sábio e a percepção do estadista. Nem uma sociedade sem classes, nem uma sociedade de barreiras sociais estritas e impenetráveis são boas; cada classe deveria ter constantes acréscimos e deserções; as classes, enquanto permanecerem distintas, devem ser capazes de se misturar livremente; e todas elas deveriam possuir uma comunidade cultural que lhes proporcionasse algo em comum, mais fundamental do que a comunidade que cada classe possui com sua contraparte em outra sociedade. No capítulo anterior consideramos os desenvolvimentos especiais da cultura por classes: agora temos de considerar os desenvolvimentos especiais da cultura por região.

Dificilmente precisamos ser lembrados das vantagens da unidade administrativa e sentimental depois da experiência da guerra; frequentemente, porém, assume-se que a unidade dos tempos de guerra deve ser preservada em tempos de paz. No seio de qualquer povo envolvido em hostilidades militares, especialmente quando a guerra parece, ou quando se pode fazê-la parecer, puramente defensiva, podemos esperar uma unidade de sentimento espontânea que é genuína, uma simulação de tal unidade por parte daqueles que apenas desejam escapar ao ódio e, de todos, uma submissão aos comandos das autoridades constituídas. Esperamos encontrar a mesma harmonia e a mesma docilidade entre os sobreviventes de um naufrágio à deriva em um bote salva-vidas. As pessoas frequentemente lamentam que a mesma unidade, o mesmo autossacrifício e a mesma fraternidade que prevalecem em uma emergência não possam sobreviver à própria emergência. A maioria dos espectadores da peça *The Admirable Crichton*, de Barrie, concluiu que a organização social na ilha estava correta, e que a organização social na mansão da fazenda estava errada: não estou seguro de que a peça de Barrie não seja suscetível a diferentes interpretações. Devemos, em todo caso, fazer uma distinção entre o tipo de unidade que é necessário em uma emergência, e o que é apropriado para o desenvolvimento da cultura de uma nação em paz. É concebível, claro, que um período de "paz" possa ser um período de preparação para a guerra, ou de continuação do conflito sob outra forma: nesse caso, podemos esperar um estímulo deliberado de sentimento patriótico e um rigoroso controle por parte do governo central. Pode-se esperar, também, em tal período, que um "conflito econômico" seja conduzido com uma disciplina governamental estrita, e não deixado a cargo de guerrilheiros e mercenários do comércio. Estou preocupado aqui, contudo, com o tipo e o grau de unidade desejáveis em um país que está em paz com outros países, pois, se não podemos ter períodos de genuína paz, é inútil alimentar qualquer esperança com relação à cultura. O tipo de unidade em que estou interessado não pode ser expresso como um entusiasmo comum ou um propósito comum: entusiasmos e propósitos são sempre transitórios.

A unidade com que estou preocupado deve ser em grande medida inconsciente e, portanto, talvez possamos nos aproximar melhor dela ao considerarmos as diversidades úteis. E aqui trato da diversidade regional. É importante que um homem se sinta não um mero cidadão de uma nação particular, mas um cidadão de uma parte particular de seu país, com suas lealdades locais. Essas, como a lealdade a uma classe, surgem de uma lealdade à família. Certamente, um indivíduo pode desenvolver a mais calorosa devoção a um lugar em que ele não nasceu e a uma comunidade com a qual ele não tem vínculos ancestrais. Porém, creio que devemos concordar que haveria algo de artificial, algo um pouco consciente demais, em uma comunidade de pessoas com um forte sentimento local, tendo todas elas vindo de algum outro lugar. Creio que devemos dizer que é necessário esperar por uma ou duas gerações para que possa haver uma lealdade que os habitantes tenham herdado, e que não seja o resultado de uma escolha consciente. No todo, pareceria desejável, ao fim, que uma grande maioria dos seres humanos continuasse vivendo no lugar em que nasceu. As lealdades familiares, locais e de classe, todas sustentam umas às outras; e se uma delas se deteriora, as outras sofrem igualmente.

O problema do "regionalismo" raramente é contemplado pela perspectiva apropriada. Introduzi o termo "regionalismo" deliberadamente, por causa das associações que ele tende a invocar. Para a maioria das pessoas, creio eu, ele remete à concepção de algum pequeno grupo de descontentes locais conduzindo uma agitação política que, porque não é temível, é vista como burlesca – pois qualquer movimento que luta pelo que se considera uma causa perdida sempre incita o ridículo. Esperamos encontrar "regionalistas" tentando reavivar alguma língua que desapareceu ou deve desaparecer; ou reavivar os costumes de uma era passada que perderam toda a significação; ou obstruir o inevitável e admitido progresso da mecanização e da indústria em grande escala. Os defensores da tradição local, com efeito, raramente conseguem tirar o máximo de suas causas; e quando, como às vezes acontece, eles encontram vigorosa oposição e escárnio entre o seu próprio povo, o observador externo sente que não há razão para levá-los a sério. Eles por vezes compreendem mal sua própria questão. Tendem a formular a solução em termos inteiramente políticos; e, uma vez que podem ser politicamente inexperientes, sendo ao mesmo tempo movidos por algo mais profundo do que motivos políticos, seus programas podem ser manifestamente impraticáveis. E quando propõem um programa econômico, nisso, também, são limitados, por terem motivos que vão além da economia, em contraste com homens que têm a reputação de serem práticos. Ademais, o regionalista comum está preocupado apenas com os interesses de sua própria região e, portanto, sugere a seu vizinho para lá da fronteira que o que é do interesse de um deve ser desvantajoso para o outro. O inglês, por exemplo, geralmente não pensa na Inglaterra como uma "região" da maneira que um escocês ou um galês pode pensar na Escócia ou no País de Gales; e como não está claro para ele que seus interesses também estão envolvidos, não oferece suas simpatias. O inglês pode, portanto, identificar seus próprios interesses com a tendência de obliterar distinções locais e raciais, o que é tão prejudicial para sua própria cultura quanto para a de seus vizinhos. Até que esse caso esteja generalizado, portanto, é pouco provável que seja ouvido com a devida justiça.

Neste ponto, o regionalista declarado, caso leia estas páginas, pode suspeitar que eu esteja lhe pregando uma peça que ele bem pode prever. O que eu pretendo, poderá ele pensar, é tentar negar-lhe a autonomia política e econômica de sua região e apaziguar os ânimos oferecendo-lhe um substituto, a "autonomia cultural", que, por estar divorciada do poder político e econômico, será apenas uma sombra do que realmente importa. Estou plenamente ciente de que os problemas políticos, econômicos e culturais não podem ser isolados uns dos outros. Estou perfeitamente atento ao fato de que qualquer "renascimento cultural" que deixa intactas as estruturas políticas e econômicas dificilmente será mais do que um antiquarianismo artificialmente sustentado: o que se quer não é restaurar uma cultura desaparecida ou reavivar uma cultura em vias de desaparecimento sob condições modernas que a tornam impossível, mas cultivar uma cultura contemporânea a partir de raízes antigas. As condições políticas e econômicas para um regionalismo saudável, contudo, não são o que interessa ao presente ensaio; nem são questões sobre as quais estou qualificado para me pronunciar. Tampouco, creio, devem os problemas de ordem política ou econômica ser a preocupação *primordial* do verdadeiro regionalista. O valor *absoluto* é que cada área deve ter sua cultura característica, com a qual deve também harmonizar – e enriquecer – as culturas das áreas vizinhas. Para pôr em prática esse valor é necessário investigar as alternativas políticas e econômicas à centralização em Londres ou onde quer que seja: e aqui, trata-se de uma questão do que é possível – do que pode ser feito de modo a fortalecer esse valor absoluto da cultura, sem prejudicar a ilha como um todo e, por consequência, a parte dela em que o regionalista está interessado. Isto, contudo, vai além da minha alçada.

Estamos interessados – os senhores já o terão percebido – essencialmente na particular constelação de culturas que encontramos nas ilhas britânicas. A mais clara entre as diferenças a serem consideradas é a das áreas que ainda possuem línguas próprias. Mesmo essa não é uma divisão tão simples quanto parece: pois um povo (como os irlandeses anglófonos) que perdeu sua língua pode preservar o suficiente da estrutura, das expressões idiomáticas, da entonação e do ritmo de sua língua original (o vocabulário é de menor importância) para que sua fala e sua escrita tenham qualidades que não são encontradas em qualquer outro lugar na língua que adotaram. Ademais, por outro lado, um "dialeto" pode preservar vestígios, no mais baixo nível da cultura, de uma variedade da língua que certa vez teve o mesmo status que qualquer outra. Contudo, a inconfundível cultura *satélite* é tal que preserva sua língua, mas que está tão fortemente associada a e dependente de outra, que não apenas certas classes da população, mas todas elas, são necessariamente bilíngues. Ela difere da cultura de uma pequena nação independente quanto a isto: na cultura satélite, normalmente só é necessário que algumas classes conheçam outra língua, ao passo que na pequena nação independente, aqueles que precisam conhecer uma língua estrangeira provavelmente precisam conhecer duas ou três, dessa forma, a inclinação em direção a uma cultura estrangeira será equilibrada pela atração exercida por pelo menos uma outra. Uma nação de cultura mais fraca pode ficar sob a influência de uma ou outra cultura mais forte em períodos diferentes: uma verdadeira cultura satélite é tal que, seja por razões geográficas ou outras, tem uma relação permanente com uma cultura mais forte.

Quando consideramos o que eu chamo de cultura satélite, encontramos duas razões para não consentir com sua completa absorção por uma cultura mais forte. A primeira objeção é tão profunda que deve simplesmente ser aceita: é do instinto de tudo o que está vivo persistir em sua própria existência. O ressentimento contra a absorção, por vezes, é sentido mais fortemente – e reverberado com maior intensidade – pelos indivíduos nos quais esse ressentimento está unido a uma percepção inconsciente de inferioridade ou fracasso; e, por outro lado, tal ressentimento é frequentemente repudiado por aqueles indivíduos para quem a adoção da cultura mais forte significa sucesso – mais poder, prestígio ou riqueza do que poderiam possuir estivesse seu destino circunscrito à sua região de origem.[1] Quando, no entanto, o testemunho desses dois tipos de indivíduos é descontado, podemos dizer que qualquer povo pequeno e vigoroso quer preservar sua individualidade.

A outra razão para a preservação da cultura local é tal que também serve de razão para que a cultura satélite continue sendo satélite, não chegando a buscar sua completa emancipação. É que a cultura satélite exerce uma considerável influência sobre a cultura mais forte; e, assim, ela tem um papel de maior destaque no mundo como um todo do que poderia ter isoladamente. Para a Irlanda, a Escócia e o País de Gales, separar-se completamente da Inglaterra seria isolar-se da Europa e do mundo, e conversa alguma sobre antigas alianças melhoraria tal situação. No entanto, é o outro lado da questão que me interessa mais, pois é o lado que recebeu menos reconhecimento. Trata-se de que a sobrevivência da cultura satélite é de grande valor para a cultura mais forte. Não representaria ganho algum para a cultura inglesa que os escoceses, irlandeses e galeses se tornassem indistinguíveis dos ingleses – o que *aconteceria*, é claro, é que nos tornaríamos todos "bretões" uniformes e indistintos, em um nível de cultura inferior ao de qualquer uma das regiões separadamente. Pelo contrário, é de grande vantagem para a cultura inglesa ser constantemente influenciada pela Escócia, pela Irlanda e pelo País de Gales.

Um povo é julgado pela história de acordo com sua contribuição para a cultura de outros povos que florescem ao mesmo tempo e de acordo com sua contribuição para as culturas que aparecem depois. É desse ponto de vista que olho para a questão da preservação das línguas – não estou interessado nas línguas em estágio avançado de

---

[1] Sabe-se, no entanto, que o autoexilado bem-sucedido manifesta, algumas vezes, um sentimento exagerado em relação à sua região de origem, para a qual ele pode retornar para as festividades, ou para desfrutar da abastada aposentadoria de seus anos derradeiros.

decadência (quer dizer, quando elas já não são mais adequadas para as necessidades de expressão dos membros mais cultos da comunidade). Considera-se por vezes uma vantagem, e uma fonte de glória, que uma língua seja um meio necessário para tantos estrangeiros quanto possível: não estou certo de que essa popularidade venha sem graves perigos para qualquer língua. Uma vantagem menos dúbia de certas línguas que são nativas para um grande número de pessoas é que elas se tornaram, por causa do trabalho de cientistas e filósofos que pensaram naquelas línguas, e por causa das tradições assim criadas, melhores veículos do que outras para o pensamento científico e abstrato. O argumento em defesa de línguas mais restritas deve ser estabelecido em bases que têm menos apelo imediato.

A questão que podemos suscitar sobre uma língua como o galês é se há qualquer valor para o mundo como um todo que ela seja usada no País de Gales. Isso, porém, é, de fato, o mesmo que perguntar se os galeses, *qua* galeses, têm alguma serventia – não, é claro, enquanto seres humanos, mas enquanto preservadores e continuadores de uma cultura que não é a inglesa. A contribuição direta de galeses e de homens de origem galesa que escreveram em inglês para a poesia é deveras considerável; e também é considerável a influência de sua poesia sobre poetas de diferentes origens raciais. O fato de que uma extensa quantidade de poesia foi escrita na língua galesa em épocas em que o inglês não era conhecido no País de Gales é de menor importância direta: pois não parece haver razão alguma para que isso não deva ser estudado por aqueles que se darão o trabalho de aprender a língua, nos mesmos termos em que a poesia escrita em latim ou grego. Na superfície, pareceria haver toda razão para que poetas galeses compusessem exclusivamente na língua inglesa, pois não conheço exemplo algum de poeta que tenha alcançado o mais alto nível em ambas as línguas; e a influência galesa sobre a poesia inglesa tem sido obra principalmente de poetas galeses que escreveram apenas em inglês. Deve-se lembrar, contudo, que para a transmissão de uma cultura

– uma maneira particular de pensar, sentir e se comportar – e para sua manutenção não há salvaguarda mais confiável do que uma língua. E para sobreviver com vistas a tal propósito, ela deve continuar sendo uma língua literária – não necessariamente uma língua científica, mas certamente uma língua poética: de outra forma, a difusão da educação a extinguirá. A literatura escrita nessa língua não causará, é claro, nenhum impacto direto sobre o mundo como um todo; mas, se ela não for mais cultivada, o povo a que ela pertence (estamos considerando particularmente o galês) tenderá a perder sua característica racial. Os galeses serão menos galeses, e seus poetas deixarão de ter qualquer contribuição a oferecer para a literatura inglesa além de seu gênio individual. E sou da opinião de que os benefícios conferidos pelos escritores escoceses, galeses e irlandeses à literatura inglesa são muito maiores do que a contribuição que todos esses homens de gênio teriam oferecido, tivessem eles todos, digamos, sido adotados por ingleses em sua primeira infância.

Não estou preocupado, em um ensaio que busca ao menos o mérito da brevidade, em defender a tese de que é desejável que os ingleses continuem a ser ingleses. Sou obrigado a pressupô-lo: e se essa pressuposição for questionada, devo defendê-la em outra ocasião. Porém, se posso defender com algum sucesso a tese de que é uma vantagem para a Inglaterra que os galeses continuem a ser galeses; os escoceses, escoceses; e os irlandeses, irlandeses, então o leitor deveria estar disposto a concordar que pode haver alguma vantagem para outros povos em os ingleses continuarem sendo ingleses. É parte essencial de meu argumento que, se outras culturas das ilhas britânicas fossem inteiramente substituídas pela cultura inglesa, a cultura inglesa também desapareceria. Muitas pessoas parecem tomar como certo que a cultura inglesa é autossuficiente e segura; que ela irá perseverar não importa o que aconteça. Enquanto alguns se negam a admitir que qualquer influência estrangeira possa ser ruim, outros assumem complacentemente que a cultura inglesa poderia florescer em completo isolamento do continente. A muitos jamais ocorreu refletir que o desaparecimento das culturas periféricas à Inglaterra (para não falar das mais humildes peculiaridades locais dentro da própria Inglaterra) poderia ser uma calamidade. Não demos suficiente atenção à ecologia das culturas. É provável, creio, que a completa uniformidade da cultura em todas essas ilhas produzisse uma categoria inferior de cultura como um todo.

Deveria estar claro que não busco uma solução para o problema regional; e a "solução" teria, de qualquer forma, de variar indefinidamente de acordo com as necessidades e possibilidades locais. Estou tentando apenas desmontar – e deixar para que outros reúnam novamente – os elementos do problema. Não defendo nem me oponho a nenhuma proposta específica de reformas regionais particulares. A maioria das tentativas de resolver o problema parece-me sofrer de uma incapacidade para o exame mais detalhado tanto da unidade quanto da diferença entre os aspectos culturais, políticos e econômicos. Lidar com um desses aspectos, excluindo os demais, é produzir um programa que, em virtude de sua inadequação, parecerá um pouco absurdo. Se o motivo nacionalista no regionalismo fosse muito explorado, ele certamente levaria ao absurdo. A íntima associação entre os bretões e os franceses, e entre os galeses e os ingleses, é vantajosa para todos: uma associação da Bretanha e do País de Gales que rompesse suas conexões com a França e a Inglaterra, respectivamente, seria uma desgraça completa. Pois uma cultura nacional, para florescer, tem de ser uma constelação de culturas, cujos constituintes, beneficiando-se mutuamente, beneficiam o todo.

Nesse ponto, introduzo uma nova noção: a da vital importância para uma sociedade de um *atrito* entre suas partes. Acostumados que estamos a pensar em figuras de linguagem emprestadas da maquinaria, supomos que a sociedade, qual uma máquina, deva ser tão bem lubrificada quanto possível, além de provida de rolamentos do aço mais resistente. Pensamos no atrito como um desperdício de energia. Não tentarei propor qualquer outra imagem alternativa: a essa altura, talvez, quanto menos pensarmos em termos de analogia, tanto melhor. Sugeri, no último capítulo, que em qualquer sociedade que se estabeleça permanentemente quer sobre um sistema de castas, quer sobre um sistema sem classes, a cultura entraria em decadência: pode-se até dizer que uma sociedade sem classes estaria sempre engendrando classes, e que uma sociedade de classes tenderia sempre à obliteração de suas distinções de classe. Agora sugiro que ambas, classe e região, ao dividir os habitantes de um país em dois tipos diferentes de grupos, levam a um conflito favorável à criatividade e ao progresso. E (para lembrar o leitor do que disse em minha introdução) esses são apenas dois de um número indefinido de conflitos e desconfianças que devem ser proveitosos para uma sociedade. De fato, quanto mais, melhor: assim, todos serão aliados de todos em algum aspecto, e oponentes em muitos outros, e nenhum conflito, ciúme ou medo dominará.

Como indivíduos, julgamos que nosso desenvolvimento depende das pessoas com as quais nos deparamos no curso de nossas vidas. (Essas pessoas incluem os autores cujos livros lemos e os personagens nas obras de ficção e de história.) O proveito desses encontros deve-se tanto às diferenças quanto às semelhanças; ao conflito assim como à simpatia entre as pessoas. Ditoso o homem que, no momento certo, encontra o amigo certo; ditoso também o homem que, no momento certo, encontra o inimigo certo. Não aprovo o extermínio do inimigo: a política de extermínio, ou, como é barbaramente dito, de liquidação dos inimigos, é um dos desenvolvimentos mais alarmantes da guerra e da paz modernas, do ponto de vista daqueles que desejam a sobrevivência da cultura. Precisamos de nossos inimigos. Então, dentro de certos limites, o atrito, não apenas entre indivíduos, mas entre grupos, parece-me um tanto necessário para a civilização. A universalidade da irritação é a melhor garantia de paz. Um país dentro do qual as divisões foram longe demais é perigoso para si mesmo: um país que é excessivamente unido – seja por natureza, seja por algum artifício, por propósitos honestos ou pela fraude e pela opressão – é uma ameaça aos demais. Na Itália e na Alemanha, vimos que uma unidade com objetivos político-econômicos, imposta violentamente e com demasiada rapidez, teve efeitos deploráveis sobre ambas as nações. Suas culturas haviam se desenvolvido no curso de uma história de extremos, bem como de um regionalismo extremamente subdividido: a tentativa de ensinar os alemães a pensar em si mesmos primeiro como alemães e a tentativa de ensinar os italianos a pensar em si mesmos primeiro como italianos, e não como nativos de um pequeno principado ou cidade em particular, criaram um distúrbio na cultura tradicional, a partir unicamente da qual qualquer futura cultura poderia brotar.

Posso expressar a ideia da importância do conflito em uma nação de maneira mais positiva, insistindo na importância das várias, e por vezes conflitantes, lealdades. Se considerarmos apenas essas duas divisões, classe e região, elas devem operar, em algum grau, uma contra a outra: um homem poderia ter certos interesses e simpatias em comum com outro homem da mesma cultura local em oposição àqueles de mesma classe que a sua em outro lugar; também poderia ter interesses e simpatias em comum com outros de sua classe, independentemente do lugar. Inúmeras divisões entrecruzadas favorecem a paz dentro de uma nação, ao dispersar e confundir animosidades; elas favorecem a paz entre as nações, criando em cada homem antagonismos internos para exercitar toda sua agressividade. A maioria dos homens costuma antipatizar com estrangeiros e inflamar-se facilmente contra eles; e não é possível para a maioria saber muito sobre povos estrangeiros. Uma nação que tem gradações de classe parece-me, tudo o mais sendo igual, propensa a ser mais tolerante e pacífica do que uma que não se organiza assim.

Até aqui, procedemos do maior para o menor, percebendo que uma cultura nacional é resultante de um número indefinido de culturas locais que, quando analisadas em si, são compostas de culturas locais ainda menores. Idealmente, cada vila, e, claro, mais visivelmente, as cidades maiores, deveriam ter suas características peculiares. Já sugeri, porém, que uma cultura nacional é o melhor para que se entre em contato com culturas estrangeiras, ambas dando e recebendo; procederemos, agora, na direção oposta, do menor para o maior. Conforme seguimos essa direção, descobrimos que o conteúdo do termo "cultura" sofre alguma alteração: a palavra *significa* algo bastante diferente, se estamos falando da cultura de uma vila, de uma pequena região, de uma ilha como a britânica, que compreende várias culturas raciais distintas; e o significado é alterado ainda mais quando passamos a falar da "cultura europeia". Temos de abandonar a maioria das associações políticas, pois enquanto em unidades menores de cultura – tais como as que mencionei há pouco – há normalmente certa unidade de governo, a unidade de governo do Sacro Império Romano era, ao longo da maior parte do período coberto pelo termo, tanto precária quanto largamente nominal. Escrevi sobre a natureza da unidade da cultura na Europa Ocidental nas três conversas transmitidas pelo rádio – compostas para outra audiência e, portanto, em um estilo um pouco diferente daquele do corpo deste ensaio –, e que incluí como apêndice sob o título "A Unidade da Cultura Europeia". Não tentarei cobrir o mesmo terreno neste capítulo; antes, continuarei investigando que significado – se é que há algum – pode estar ligado ao termo "cultura mundial". A investigação sobre uma possível "cultura mundial" deveria ser do interesse particular daqueles que defendem qualquer um dos vários projetos de uma federação mundial, ou de um governo mundial: pois, obviamente, enquanto existirem culturas que são, para além de algum ponto, antagônicas umas às outras, antagônicas a ponto de serem irreconciliáveis, todas as tentativas de unificação político-econômica serão vãs. Digo "para além de algum ponto" porque, na relação entre duas culturas quaisquer, haverá duas forças opostas equilibrando-se mutuamente: atração e repulsão – sem a atração, elas não poderiam afetar uma à outra, e sem a repulsão, não poderiam sobreviver como culturas distintas; uma absorveria a outra ou ambas se fundiriam em uma nova cultura. Ora, os fanáticos do governo mundial parecem-me por vezes assumir, inconscientemente, que sua unidade de organização tem um valor absoluto, e que se diferenças entre culturas lhes oferecem obstáculos, estas devem ser abolidas. Se tais fanáticos são do tipo humanitário, hão de supor que esse processo ocorrerá naturalmente e de maneira indolor: eles podem, sem sabê-lo, tomar por certo que a cultura mundial resultante será simplesmente uma extensão daquela a que eles próprios pertencem. Nossos amigos russos, que são mais realistas, senão mais práticos no longo prazo, estão muito mais conscientes da impossibilidade de reconciliação entre culturas; e parecem ser da opinião segundo a qual qualquer cultura incompatível com a deles deve, forçosamente, ser arrancada pela raiz.

Os planejadores mundiais que são sérios e humanitários, no entanto, poderiam – se acreditarmos que seus métodos possam funcionar – ser uma ameaça tão grave para a cultura quanto aqueles que praticam métodos mais violentos. Pois se segue do que eu já aleguei sobre o valor das culturas locais que uma cultura mundial que fosse simplesmente uma cultura *uniforme* não seria sequer uma cultura. Teríamos uma humanidade desumanizada. Seria um pesadelo. Por outro lado, contudo, não podemos renunciar de todo à ideia de uma cultura mundial. Pois se nos contentarmos com o ideal de "cultura europeia", ainda assim, seremos incapazes de fixar quaisquer fronteiras definidas. A cultura europeia tem uma área, mas não fronteiras definidas: e não se pode construir divisões como a muralha da China. A noção de uma cultura europeia genuinamente autônoma seria tão fatal quanto a noção de uma cultura nacional autônoma: ao fim e ao cabo, tão absurda quanto a noção de se preservar uma cultura local autônoma em um único condado ou município da Inglaterra. Somos, portanto, pressionados a manter o ideal de uma cultura mundial, ainda que admitindo que isso é algo que não podemos *imaginar*.

Podemos apenas concebê-la como um termo lógico de relações entre culturas. Assim como reconhecemos que as partes da Grã-Bretanha devem ter, em um sentido, uma cultura comum, embora essa cultura comum apenas seja tangível em diversas manifestações locais, da mesma forma devemos aspirar a uma cultura mundial comum que, no entanto, não diminuirá a particularidade de suas partes constituintes. E aqui, é claro, nos deparamos, por fim, com a religião, que até agora, nas considerações das diferenças locais dentro da mesma área, não tivemos de encarar. Em última análise, religiões antagônicas devem significar culturas antagônicas; e, também em última análise, religiões não podem ser reconciliadas. Do ponto de vista oficial russo, há duas objeções à religião: primeiro, é claro, que a religião tende a criar uma outra lealdade que não aquela reivindicada pelo Estado; e segundo, que há diversas religiões no mundo que ainda são firmemente mantidas por muitos seguidores. A segunda objeção talvez seja ainda mais séria do que a primeira: pois onde há apenas uma religião, é sempre possível que tal religião possa ser sutilmente alterada, de forma a impor a conformidade em vez de estimular resistência ao Estado.

É mais provável que sejamos capazes de permanecer leais ao ideal da inimaginável cultura mundial se reconhecermos todas as dificuldades – sua impossibilidade prática – de sua realização. E há outras dificuldades que não podem ser ignoradas. Até agora, consideramos as culturas como se todas elas tivessem resultado do mesmo processo de crescimento: o mesmo povo no mesmo lugar. No entanto, há o problema *colonial* e o problema da *colonização* – é uma pena que a palavra "colônia" tenha de prestar serviço a significados bastante diferentes. O problema colonial é aquele da relação entre uma cultura nativa indígena e uma cultura estrangeira, quando uma cultura estrangeira superior foi imposta, frequentemente pela força, sobre uma inferior. Esse problema é insolúvel e toma diversas formas. Há um problema quando entramos em contato com uma cultura inferior pela primeira vez: há muito poucos lugares no mundo em que isso ainda é possível.

Há outro problema, distinto, quando uma cultura nativa já começou a se desintegrar sob a influência estrangeira, e quando uma população nativa absorveu mais da cultura estrangeira do que ela pode expelir. Há, ainda, um terceiro problema quando, como em algumas das Índias Ocidentais, diversos povos desarraigados foram arbitrariamente misturados. E esses problemas são insolúveis, no sentido de que, não importa o que façamos para solucioná-los ou mitigá-los, não sabemos inteiramente o que estamos fazendo. Devemos estar cientes deles; devemos fazer o que pudermos, tanto quanto nosso entendimento nos permitir; porém, muito mais forças tomam parte nas transformações da cultura de um povo do que podemos compreender e controlar; e qualquer desenvolvimento positivo e excelente de uma cultura é sempre um milagre quando acontece.

O problema da colonização surge da migração. Quando povos migraram através da Ásia e da Europa em tempos pré-históricos e remotos, era uma tribo inteira, ou ao menos uma parte inteiramente representativa dela, que se movia conjuntamente. Portanto, era a totalidade de uma cultura que se movia. Nas migrações dos tempos modernos, os emigrantes vieram de países já altamente civilizados. Vieram de países onde o desenvolvimento da organização social já era complexo. As pessoas que migraram jamais representaram o conjunto da cultura do país do qual vieram, ou a representaram em proporções bastante diferentes. Transplantaram-se de acordo com alguma determinação social, religiosa, econômica ou política, ou alguma mistura particular delas. Houve, assim, algo nos processos migratórios análogo em natureza ao cisma religioso. As pessoas levaram consigo apenas uma parte da cultura total de que, enquanto estavam em casa, participavam. A cultura que se desenvolve no novo solo deve, portanto, ser desconcertantemente semelhante e diferente da cultura que a originou: ela será por vezes conturbada por quaisquer relações que venha a estabelecer com alguma raça nativa, e pelo avanço da imigração proveniente de uma fonte diferente da original. Dessa forma, tipos particulares de afinidade cultural e de confronto cultural aparecem entre as áreas povoadas através da colonização e os países da Europa de que vieram os imigrantes.

Há, por fim, o caso particular da Índia, onde se encontram quase todas as complicações que possam atrapalhar o planificador cultural. Há a estratificação da sociedade que não é puramente social, mas, em certa medida, racial, em um mundo hindu que compreende povos com uma antiga tradição de alta civilização, e tribos de uma cultura deveras primitiva. Há o bramanismo e o islã. Há duas ou mais importantes culturas com bases religiosas completamente diferentes. Nesse mundo confuso chegaram os ingleses, com a convicção de que sua própria cultura era a melhor do mundo, com sua ignorância acerca da relação entre cultura e religião e (ao menos desde o século XIX) sua impassível suposição de que a religião era um assunto secundário. É humano, quando não entendemos outro ser humano e não podemos ignorá-lo, exercer uma pressão inconsciente sobre aquela pessoa para transformá-la em algo que *podemos* compreender: muitos maridos e esposas exercem essa pressão um sobre o outro. O efeito sobre a pessoa influenciada provavelmente será a repressão e a distorção, e não o aperfeiçoamento, da personalidade; e homem algum é bom o suficiente para ter o direito de transformar o outro em sua própria imagem. Os benefícios do governo inglês logo se perderão, porém os efeitos adversos do distúrbio causado em uma cultura nativa por parte de uma cultura estrangeira permanecerão. Oferecer a um povo primeiro sua cultura e depois sua religião é uma reversão de valores: e enquanto todo europeu representa, para o bem ou para o mal, a cultura a que pertence, apenas uma pequena minoria é representante digna de sua fé religiosa.[2]

---

[2] É interessante especular, muito embora não possamos provar nossas conclusões, sobre o que teria acontecido à Europa Ocidental, tivesse a conquista romana imposto um padrão cultural que não afetasse crenças e práticas religiosas.

A única esperança de estabilidade na Índia parece ser a alternativa do desenvolvimento, esperamos que sob condições pacíficas, em uma flexível federação de reinos, ou em uma massa uniforme, que se alcançaria apenas ao custo da abolição das distinções de classes e do abandono de qualquer religião – o que significaria o desaparecimento da cultura indiana.

Considerei ser necessário fazer essa breve incursão pelos diversos tipos de relações culturais entre uma nação e os diferentes tipos de área estrangeira porque o problema regional dentro da nação deve ser visto nesse contexto maior. Não pode haver, é claro, uma solução simples. Como eu disse, o aperfeiçoamento e a transmissão de cultura jamais podem ser o objeto direto de qualquer uma de nossas atividades práticas: tudo o que podemos fazer é tentar ter em mente que o que quer que façamos afetará nossa própria cultura ou a de algum outro povo. Podemos também aprender a respeitar todas as outras culturas como um todo, ainda que elas possam parecer muito inferiores às nossas, e ainda que desaprovemos com justiça alguns de seus aspectos: a destruição deliberada de outra cultura como um todo é um erro irreparável, quase tão perverso quanto tratar seres humanos como animais. Mas é quando direcionamos nossa atenção à questão da unidade e da diversidade dentro da área limitada que melhor conhecemos, e dentro da qual temos oportunidades mais frequentes para agir corretamente, que podemos combater a desesperança que nos invade, quando nos demoramos demais em perplexidades além da nossa medida.

Foi necessário lembrarmo-nos daquelas consideráveis áreas do globo em que o problema toma uma forma diferente dos nossos: daquelas áreas, particularmente, em que duas ou mais culturas distintas estão tão inextricavelmente envolvidas umas com as outras, em proximidade e na atividade ordinária da existência, que "regionalismo", como o concebemos na Grã-Bretanha, seria uma zombaria. Em tais áreas é provável que um tipo muito diferente de filosofia política inspire a ação política, se comparada àquela em termos da qual estamos acostumados a pensar e agir nessa parte do mundo. É tanto melhor ter essas diferenças em mente, de modo a podermos apreciar melhor as condições com que temos de lidar em casa. Essas condições são aquelas de uma cultura geral homogênea, associada às tradições de uma religião: dadas essas condições, podemos manter a concepção de uma cultura nacional que extrairá sua vitalidade das culturas de suas diversas áreas, dentro de cada uma das quais haverá novamente unidades menores de cultura com suas próprias peculiaridades locais.

Capítulo 4 | Unidade e Diversidade:
Seita e Culto

No primeiro capítulo, tentei adotar um ponto de vista a partir do qual os mesmos fenômenos pudessem ser mostrados tanto como religiosos quanto como culturais. Neste capítulo, estarei preocupado com o significado cultural das divisões religiosas. Embora as considerações apresentadas, caso mereçam ser levadas a sério, devam interessar particularmente àqueles cristãos que se encontram perplexos com o problema da reunião cristã, elas tencionam, em primeiro lugar, mostrar que as divisões cristãs, e, portanto, os planos para uma reunião cristã, devem ser do interesse não apenas dos cristãos, mas de todos, exceto daqueles que advogam um tipo de sociedade que romperia completamente com a tradição cristã.

Afirmei, no primeiro capítulo, que nas sociedades mais primitivas não é perceptível nenhuma distinção clara entre as atividades religiosas e não religiosas; e que, conforme passamos a examinar as sociedades mais desenvolvidas, percebemos maior distinção e, finalmente, maior contraste e oposição entre tais atividades. O tipo de identidade entre religião e cultura que observamos entre povos de baixíssimo desenvolvimento não pode se repetir, exceto na Nova Jerusalém. Uma religião superior é aquela em que é muito mais difícil acreditar. Pois quanto mais consciente se torna a crença, mais consciente se torna a descrença: a indiferença, a dúvida e o ceticismo aparecem, bem como o esforço para adaptar os princípios da religião ao que as pessoas, em cada era, consideram mais fácil de acreditar. Na religião superior, também é mais difícil fazer com que o comportamento se ajuste às leis morais da religião. Uma religião superior impõe um conflito, uma divisão, um tormento e uma luta no interior do indivíduo; um conflito algumas vezes entre a laicidade e o sacerdócio; um conflito, finalmente, entre Igreja e Estado.

O leitor pode ter dificuldade em associar essas afirmações com o ponto de vista exposto em meu primeiro capítulo, de acordo com o qual sempre há, mesmo nas sociedades mais conscientes e mais altamente desenvolvidas que conhecemos, um aspecto de identidade entre a religião e a cultura. Desejo manter esses *dois* pontos de vista. Não deixamos o estágio anterior de desenvolvimento para trás: é nele que nos baseamos. A identidade de religião e cultura permanece no nível inconsciente, sobre a qual sobrepusemos uma estrutura consciente em que religião e cultura são contrastantes e podem ser opostas. O *significado* dos termos "religião" e "cultura" altera-se, claro, entre esses dois níveis. Tendemos constantemente a retroceder ao nível inconsciente, conforme consideramos a consciência um fardo excessivo; e a tendência ao retrocesso consegue explicar a poderosa atração que a prática e a filosofia totalitárias podem exercer sobre a humanidade. O totalitarismo apela ao desejo de retornar ao ventre. O contraste entre religião e cultura impõe uma tensão: fugimos dessa tensão tentando retroceder a uma identidade entre religião e cultura que prevalecia em um estágio mais primitivo; assim como quando cedemos ao álcool como um anódino, buscamos conscientemente a inconsciência. É apenas mediante um esforço incessante que podemos persistir em sermos indivíduos em uma sociedade, em vez de meros elementos de uma multidão disciplinada. E, no entanto, continuamos sendo elementos da multidão, mesmo quando conseguimos ser indivíduos. Por conseguinte, para os propósitos deste ensaio, sou obrigado a sustentar duas posições contraditórias: que religião e cultura são aspectos de uma unidade, e que são duas coisas diferentes e contrastantes.

Tento, tanto quanto possível, contemplar meus problemas do ponto de vista do sociólogo, e não do apologista cristão. A maioria de minhas generalizações tenciona ser, de alguma forma, aplicável a todas as religiões, e não apenas ao cristianismo; e quando, como no decorrer deste capítulo, discuto questões cristãs, é porque estou particularmente interessado na cultura cristã, no mundo ocidental, na Europa e na Inglaterra. Ao dizer que busco adotar, tão consistentemente quanto me seja possível, o ponto de vista sociológico, devo deixar claro que não penso que a diferença entre o ponto de vista religioso e o sociológico se sustente tão facilmente quanto a diferença entre um par de adjetivos pode nos levar a supor. Podemos definir aqui o ponto de vista religioso como aquele a partir do qual perguntamos se os princípios de uma religião são verdadeiros ou falsos. Segue-se que estaríamos adotando o ponto de vista religioso caso fôssemos ateus cujo pensamento estivesse baseado na suposição de que as religiões são falsas. Do ponto de vista sociológico, a verdade ou falsidade é irrelevante: estamos preocupados apenas com os efeitos comparativos de diferentes estruturas religiosas sobre a cultura. Ora, se estudiosos do assunto pudessem ser impecavelmente divididos em teólogos, incluindo ateus, e sociólogos, o problema seria muito diferente do que é. Porém, em primeiro lugar, religião alguma pode ser inteiramente "compreendida" de fora – mesmo para os propósitos sociológicos. Em segundo lugar, ninguém pode escapar inteiramente do ponto de vista religioso, porque no fim das contas ou se acredita, ou não se acredita. Portanto, ninguém pode ser tão completamente imparcial e desinteressado quanto deveria ser o sociólogo ideal. O leitor, consequentemente, deve tentar não apenas escusar as visões religiosas do autor, mas, o que é mais difícil, escusar a sua própria – e ele pode não ter jamais examinado a fundo sua própria mente. Logo, ambos, escritor e leitor, devem estar precavidos para não supor que são inteiramente imparciais.¹

Temos agora de considerar a unidade e a diversidade na crença e na prática religiosas, e investigar qual é a situação mais favorável à preservação e ao aperfeiçoamento da cultura. Sugeri no primeiro capítulo que, entre as "religiões superiores", as mais propensas a continuar a estimular a cultura são aquelas capazes de ser aceitas por povos de diferentes culturas: aquelas que têm a maior universalidade – embora a universalidade potencial em si possa não ser um critério de "religião superior". Tais religiões podem prover um padrão-base de crença e comportamento comuns, sobre o qual uma variedade de padrões locais pode vir a adornar; e eles encorajarão uma influência recíproca entre os povos, tal que qualquer progresso cultural em uma área pode acelerar o desenvolvimento em outra. Em certas condições históricas, uma brutal exclusividade pode ser condição necessária para a preservação de uma cultura: o Velho Testamento presta seu testemunho quanto a isso.² Apesar dessa situação histórica particular, poderíamos concordar que a prática de uma religião comum por povos que têm suas próprias identidades culturais deveria, em geral, promover o intercâmbio de influência para o benefício recíproco.

---

¹ Veja-se um valioso artigo do professor Evans-Pritchard sobre antropologia social: "Social Anthropology", em *Blackfriars*, nov. de 1946. Ele observa: "A resposta pareceria ser que o sociólogo também deve ser um filósofo moral e que, como tal, ele deve ter um conjunto de crenças e valores definidos em termos do qual ele avalia os fatos que estuda como sociólogo".

² Parece-me altamente desejável que haja um íntimo contato cultural entre cristãos devotos e praticantes e judeus devotos e praticantes. Muito do contato cultural no passado deu-se dentro daquelas zonas neutras da cultura em que a religião pode ser ignorada, e entre judeus e gentios tanto mais quanto menos emancipados de suas tradições religiosas. O efeito pode ter sido o de fortalecer a ilusão de que é possível haver cultura sem religião. Neste contexto, recomendo aos meus leitores dois livros do professor Will Herberg publicados em Nova York: *Judaism and Modern Man* (Farrar, Straus and Cudahy) e *Protestant-Catholic-Jew* (Doubleday).

É obviamente concebível que uma religião possa ser muito facilmente acomodada a uma variedade de culturas, e ser assimilada sem assimilar; e que essa fraqueza pode tender a provocar o resultado oposto, se a religião se fragmentar em ramificações ou seitas tão opostas que deixam de influenciar umas às outras. O cristianismo e o budismo foram expostos a esse perigo.

A partir daqui é no cristianismo apenas que estarei interessado; em particular, na relação entre catolicismo e protestantismo na Europa e na diversidade de seitas do protestantismo. Devemos tentar começar sem qualquer viés a favor ou contra a unidade ou a reunião ou a manutenção de diferentes identidades corporativas de denominações religiosas. Devemos prestar atenção a qualquer dano que pareça ter ocorrido à cultura europeia, e à cultura de qualquer parte da Europa, por sua divisão em seitas. Por outro lado, devemos reconhecer que muitas das mais notáveis realizações da cultura foram alcançadas a partir do século XVI, em condições de desunião: e que algumas, de fato, como na França do século XIX, aparecem depois que as bases religiosas da cultura parecem ter desmoronado. Não podemos afirmar que, se a união religiosa da Europa houvesse perpetuado, essas ou outras realizações igualmente brilhantes teriam sido alcançadas. Tanto a união religiosa quanto a divisão religiosa podem coincidir com o desabrochar cultural ou a decadência cultural.

Desse ponto de vista, podemos obter uma satisfação moderada, que não deve ser confundida com complacência, quando analisamos a história da Inglaterra. Em uma nação na qual nenhuma *tendência* para o protestantismo transparecia, ou em que tal tendência era insignificante, deve sempre haver o perigo de uma petrificação religiosa, e de uma descrença agressiva. Em uma nação na qual as relações da Igreja e do Estado dão-se com muita facilidade, do nosso atual ponto de vista, é de pouca importância se a causa é o eclesiasticismo, a dominação do Estado pela Igreja, ou o erastianismo, o domínio da Igreja pelo Estado. De fato, nem sempre é fácil distinguir as duas condições. O efeito pode ser, igualmente, que toda pessoa insatisfeita, e todo injustiçado, atribuirão suas desventuras ao mal inerente à Igreja, ou a um mal inerente ao próprio cristianismo. A obediência formal à Sé Romana não é em si uma garantia de que, em uma nação inteiramente católica, a religião e a cultura não se identificarão de forma demasiado estreita. Elementos da cultura local – ou mesmo do barbarismo local – podem passar a se investir de uma santidade de observâncias religiosas, e a superstição pode aflorar sob a aparência de piedade: um povo pode tender ao regresso à união de religião e cultura característica das comunidades primitivas. O resultado do domínio inquestionável de um culto, quando um povo é passivo, pode ser o torpor; quando um povo é ativo e autoconfiante, o resultado pode ser o caos. Pois, conforme a insatisfação se transforma em desavença, o viés anticlerical pode se transformar em uma tradição antirreligiosa; uma cultura distinta e hostil cresce e floresce, e uma nação é dividida contra si mesma. As facções têm de continuar a viver umas com as outras; e a língua e o estilo de vida comuns que elas conservam, longe de abrandar a animosidade, podem simplesmente exasperá-las. A divisão religiosa torna-se um símbolo para um conjunto de diferenças relacionadas, com frequência racionalmente não associadas; ao redor dessas diferenças agrupam-se uma profusão de ressentimentos individuais, medos e interesses; e a luta por uma herança indivisível pode não resultar em nada senão no esgotamento.

Seria irrelevante repassar aqui aquelas passagens sanguinárias de conflito civil, tais como a Guerra dos Trinta Anos, em que católicos e protestantes lutavam por tal herança. Disputas teológicas explícitas entre cristãos não mais atraem para si aqueles outros interesses irreconciliáveis que buscam uma decisão pelas armas. As causas mais profundas da divisão podem ainda ser religiosas, porém elas se tornaram conscientes, em doutrinas não teológicas, mas políticas, sociais e econômicas. Certamente, naqueles países onde a fé prevalecente tem sido o protestantismo, o anticlericalismo raramente assume uma forma violenta. Em tais países, tanto a fé quanto a falta dela tendem a ser brandas e inofensivas; como a cultura se tornou secular, as diferenças culturais entre os fiéis e os infiéis são mínimas; o limite entre crença e descrença é vago; o cristianismo é mais flexível, o ateísmo, mais negativo; e todas as partes vivem em amizade, enquanto continuarem a aceitar algumas convenções morais comuns.

A situação na Inglaterra, no entanto, difere daquela dos outros países, católicos ou protestantes. Na Inglaterra, como em outros países protestantes, o ateísmo mostrou-se ser majoritariamente do tipo passivo. Nenhum estatístico poderia apresentar uma estimativa dos números de cristãos e não cristãos. Muitas pessoas vivem circunscritas em uma fronteira pouco definida, envolta em densa névoa; e aqueles que se encontram para além dela são mais numerosos na sombria desolação da ignorância e da indiferença do que no bem iluminado deserto do ateísmo. É provável que o britânico descrente com algum status social, por mais humilde que seja, irá se adequar às práticas do cristianismo nas ocasiões de nascimento, morte e da primeira empreitada matrimonial. Os ateus neste país ainda não são culturalmente unidos: os tipos de ateísmo que praticam variam de acordo com a cultura da comunhão religiosa em que eles, ou seus pais, ou seus avós, foram criados. As principais diferenças culturais na Inglaterra foram, no passado, aquelas entre o anglicanismo e as seitas protestantes mais importantes; e mesmo essas diferenças estão longe de ser claramente definidas: primeiro, porque a própria Igreja Anglicana abarcou variações mais amplas de crença e de culto do que um observador estrangeiro poderia acreditar ser possível, sem que a instituição se rompesse; e, segundo, por causa do número e da variedade de seitas à parte dela.

Se as alegações que fiz no primeiro capítulo forem aceitas, concordaremos que a formação de uma religião é também a formação de uma cultura. Disso deve se seguir que, conforme uma religião se divide em seitas, e conforme essas seitas se desenvolvem a cada geração, uma variedade de culturas será propagada. E, como a afinidade entre religião e cultura é tal que podemos esperar que o que acontece em um sentido acontece também no outro, estamos preparados para constatar que a divisão entre as culturas cristãs estimulará maiores diferenciações de crença e culto. Não está entre os meus propósitos considerar o Grande Cisma entre Oriente e Ocidente, que corresponde ao deslocamento da fronteira geográfica entre duas culturas. Quando examinamos o mundo ocidental, devemos reconhecer que a principal tradição cultural tem sido aquela que corresponde à Igreja de Roma. Considerando-se apenas os últimos quatrocentos anos, nenhuma outra se manifestou; e qualquer pessoa com um senso de centro e periferia deve admitir que a tradição ocidental tem sido latina – e latina significa Roma. Há incontáveis testemunhos de arte e pensamento e costumes; e entre esses devemos incluir o trabalho de todos os homens nascidos e educados em uma sociedade católica, não importa qual sua crença individual. Desse ponto de vista, a separação da Europa setentrional, e da Inglaterra em particular, da comunhão com Roma representa um desvio do curso principal da cultura. Pronunciar, sobre essa separação, qualquer juízo de valor, assumir que ela foi uma coisa boa ou ruim, é o que essa investigação deve tentar evitar; pois isso seria passar do ponto de vista sociológico para o teológico. E como devo, neste ponto, introduzir o termo "subcultura" para me referir à cultura que pertence à área de uma parte dividida da cristandade, devemos ser cuidadosos para não supor que uma subcultura é necessariamente uma cultura inferior, lembrando também que, enquanto uma subcultura pode sofrer perdas ao ser separada do conjunto principal, o conjunto principal também pode ser mutilado pela perda de um membro seu.

Devemos reconhecer, em seguida, que, onde uma subcultura se estabeleceu, ao longo do tempo, como a cultura principal *de um território particular*, ela tende a trocar de lugar, naquele território, com a cultura europeia principal. Nesse aspecto, ela difere daquelas subculturas que representam seitas cujos membros compartilham uma região com a cultura principal. Na Inglaterra, a principal tradição cultural tem sido a anglicana por vários séculos. Os católicos romanos na Inglaterra estão, é claro, em uma tradição europeia mais central do que os anglicanos; no entanto, porque a tradição principal da Inglaterra tem sido anglicana, estão, sob outro aspecto, mais afastados da tradição do que os dissidentes protestantes. São as dissidências protestantes que constituem, com relação ao anglicanismo, uma *congérie* de subculturas: ou, quando consideramos o próprio anglicanismo uma subcultura, podemos nos referir a elas como uma *congérie* de "subsubculturas" – como esse termo é demasiado ridículo para ser bem acolhido, podemos apenas dizer "subculturas secundárias". Por dissidência protestante refiro-me àquelas instituições que reconhecem umas às outras como "Igrejas Livres", juntamente com a Sociedade de Amigos, que tem uma história isolada, porém ilustre: todas as entidades religiosas menores são culturalmente insignificantes. As variações entre as constituições dos principais órgãos religiosos têm, de certa forma, relação com as circunstâncias peculiares de suas origens, e com o alcance de sua separação. É de algum interesse que o congregacionalismo, que tem uma longa história, conte com inúmeros teólogos ilustres, enquanto o metodismo, com uma história mais breve e menos justificação teológica para sua existência à parte, parece apoiar-se principalmente em sua hinologia e não precisar de qualquer estrutura teológica própria. Porém, quer consideremos uma subcultura territorial ou uma subcultura secundária dentro de um território ou dispersa por diversos territórios, podemos nos deparar com a conclusão de que toda subcultura é dependente daquela de que é um desdobramento. A vida do protestantismo depende da sobrevivência daquilo contra o que ele protesta; e da mesma forma que a cultura da dissidência protestante sucumbiria à inanição sem a persistência da cultura anglicana, também a manutenção da cultura inglesa é contingente à saúde da cultura da Europa latina, para continuar extraindo sustentação dessa cultura latina.

Há, no entanto, uma diferença no que diz respeito à separação entre Canterbury e Roma, por um lado, e a separação entre o Livre Protestantismo e Canterbury, por outro, que é importante para meus propósitos. Ela corresponde à diferença apresentada no capítulo anterior entre a colonização pela migração massiva (como nos antigos movimentos em direção ao oeste através da Europa) e a colonização por certos elementos que se separam de uma cultura que permanece em sua terra natal (como na colonização dos Domínios e das Américas). A separação precipitada por Henrique VIII tinha como causa imediata motivos pessoais nos altos estratos; ela foi reforçada por tendências fortes na Inglaterra e na Europa setentrional, tendências estas de origens mais respeitáveis. Uma vez libertas, as forças do protestantismo foram além do que pretendia ou do que teria aprovado o próprio Henrique VIII. Porém, embora a Reforma na Inglaterra tenha sido, como qualquer outra revolução, obra de uma minoria, e embora ela esbarrasse em inúmeros movimentos de resistência inflexível, ela terminou por carregar consigo a maior parte da nação, independentemente de classe ou região. As seitas protestantes, por outro lado, representam certos elementos da cultura inglesa, e excluem outros: classe e ocupação tiveram um papel de destaque em sua formação. Seria provavelmente impossível para o estudante mais dedicado determinar em que medida é a adesão aos princípios dissidentes que forma uma subcultura, e em que medida é a formação de uma subcultura que inspira a descoberta de razões para a dissidência. A solução desse enigma felizmente não é necessária para os meus propósitos. O resultado, em todo caso, foi a estratificação da Inglaterra em seitas, de certa forma originadas nas distinções culturais entre as classes e, em alguma medida, agravando-as.

Pode ser possível para um estudante com profundos conhecimentos em etnologia e na história da colonização pioneira desta ilha defender a existência de causas de natureza mais persistente e primitiva para as tendências à fissão religiosa. Ele poderia traçá-las chegando a diferenças inextirpáveis entre a cultura das diversas tribos, raças e línguas que, de tempos em tempos, dominavam as outras ou lutavam por supremacia. Ele poderia, ademais, adotar a perspectiva segundo a qual a mistura cultural não segue necessariamente o mesmo curso da mistura biológica; e que, mesmo assumindo que todas as pessoas de origem puramente inglesa tivessem o sangue de todos os sucessivos invasores misturados em seu sangue exatamente nas mesmas proporções, o resultado disso não seria necessariamente a fusão cultural. Ele poderia, portanto, descobrir, na tendência de vários elementos na população a expressarem sua fé de diferentes maneiras, a preferir diferentes tipos de organização comunal e diferentes estilos de devoção, um reflexo das antigas divisões entre raças dominantes e dominadas. Tais especulações, em relação às quais sou demasiado ignorante para apoiar ou criticar, estão fora do meu escopo; é aconselhável, porém, que tanto o escritor quanto os leitores se recordem que pode haver níveis mais profundos do que aqueles sobre os quais a investigação está sendo conduzida. Se as diferenças que persistem até o dia de hoje pudessem ser estabelecidas de acordo com sua origem nas diferenças culturais primitivas, isso apenas reforçaria a tese em defesa da união entre religião e cultura exposta em meu primeiro capítulo.

Seja como for, há curiosidades o suficiente na mistura de motivos e interesses nas desavenças de grupos religiosos dentro do período da história moderna para ocupar nossa atenção. Não é necessário ser um cínico para se entreter – ou um devoto para se entristecer – com o espetáculo de autoengano, assim como com a frequente hipocrisia dos agressores e defensores de uma ou de outra forma de fé cristã. Contudo, do ponto de vista do meu ensaio, tanto o júbilo quanto o pesar são irrelevantes, porque essa confusão é justamente o que se deve esperar, sendo inerente à condição humana. Existem, certamente, situações na história em que uma disputa religiosa pode ser atribuída a motivos puramente religiosos. A batalha permanente de Santo Atanásio contra os arianos e eutiquianos não precisa ser vista sob qualquer outra luz senão a da teologia: o estudioso que se esforça para demonstrar que ela representou um choque de culturas entre Alexandria e Antioquia, ou alguma ingenuidade semelhante, pareceria na melhor das hipóteses estar falando de alguma outra coisa. Mesmo a mais pura questão religiosa, no entanto, terá no longo prazo consequências culturais: o conhecimento superficial da carreira de Atanásio deveria ser suficiente para nos assegurar de que ele foi um dos maiores edificadores da civilização ocidental. E, em geral, quando defendemos nossa religião, é *inevitável* que estejamos defendendo ao mesmo tempo nossa cultura e vice-versa: estamos obedecendo ao instinto fundamental de preservar nossa existência. E ao fazê-lo, no correr do tempo, cometemos muitos erros e perpetramos muitos crimes – a maioria dos quais pode ser simplificada em um erro, o de identificar nossa religião e nossa cultura em um nível em que devemos distingui-las uma da outra.

Tais considerações são relevantes não apenas para a história das disputas e separações religiosas: elas são igualmente pertinentes quando passamos a considerar planos para a reunião. A importância de parar para examinar as peculiaridades culturais, para desintrincar os obstáculos religiosos dos culturais, tem até agora sido negligenciada – e, devo dizer, mais do que negligenciada: deliberadamente, embora inconscientemente, ignorada – nos planos de reunião entre os grupos cristãos adotados ou apresentados. Daí a aparência de fingimento, de se estar concordando com fórmulas às quais as partes contratantes podem dar diferentes interpretações, o que provoca a comparação com os tratados entre governos.

O leitor pouco familiarizado com os detalhes do "ecumenismo" deve ser lembrado da diferença entre *intercomunhão* e *reunião*. Um arranjo de intercomunhão entre duas igrejas nacionais – tais como a Igreja Anglicana e a Igreja da Suécia – ou entre a Igreja Anglicana e uma das Igrejas Ortodoxas, ou entre a Igreja Anglicana e um corpo tal como o da "Antiga Igreja Católica", encontrada na Holanda e em outros lugares no continente europeu, não procura necessariamente ir além do que o termo implica: um reconhecimento recíproco da "validade de preceitos" e da ortodoxia da doutrina; com a consequência de que os membros de cada igreja podem se comunicar, e os padres podem celebrar e pregar nas igrejas do outro país. Um acordo de intercomunhão somente poderia levar a uma reunião em uma das seguintes situações: no caso pouco provável de uma união política entre as duas nações, ou no caso extremo de uma ampla reunião dos cristãos. Reunião, por outro lado, significa, com efeito, quer uma reunião entre um ou outro corpo tendo um governo episcopal e a Igreja de Roma, quer a reunião entre corpos separados entre si nas mesmas áreas. Os movimentos em direção à reunião mais ativos no presente momento são os do segundo tipo: reunião entre a Igreja Anglicana e um ou mais dos corpos das "Igrejas Livres". É com as implicações culturais deste último tipo de reunião que estamos aqui especialmente preocupados. Não está em questão a reunião entre a Igreja Anglicana e, digamos, os presbiterianos ou metodistas na América: qualquer reunião seria entre os presbiterianos americanos e a Igreja Episcopal na América, e os presbiterianos ingleses e a Igreja Anglicana.

Deveria ser óbvio, pelas considerações sugeridas no primeiro capítulo, que a reunião completa envolve uma comunidade cultural – alguma cultura comum já existente e a potencialidade de seu maior desenvolvimento como consequência da reunião oficial. A reunião ideal de todos os cristãos não implica, é claro, uma futura cultura *uniforme* por todo o mundo: implica simplesmente uma "cultura cristã" da qual todas as culturas locais seriam variantes – e tais culturas iriam e deveriam variar muitíssimo, de fato. Já podemos distinguir uma "cultura local" de uma "cultura europeia"; quando usamos este último termo, reconhecemos as diferenças locais; similarmente, não se deve pensar que uma "cultura cristã" universal ignora ou suprime as diferenças entre as culturas dos diversos continentes. A existência, contudo, de uma forte comunidade cultural entre os vários corpos cristãos na mesma área (devemos lembrar que entendemos aqui por "cultura" algo distinto de "religião") não apenas facilita a reunião dos cristãos naquela área, mas expõe tal reunião a riscos peculiares.

Expus o ponto de vista segundo o qual qualquer divisão de um povo cristão em seitas promove ou agrava o desenvolvimento de "subculturas" no seio de tal povo; e pedi ao leitor que examinasse o anglicanismo e as Igrejas Livres para confirmar tal visão. No entanto, deve ser acrescentado agora que a divisão cultural entre os anglicanos e os seguidores das Igrejas Livres foi, sob condições econômicas e sociais em transformação, atenuada. A organização da sociedade rural, da qual a Igreja Anglicana extraiu muito de sua força cultural, está em decadência; a aristocracia fundiária tem menos segurança, menos poder e menos influência; as famílias que ascenderam com o comércio e em muitos lugares se tornaram proprietárias de terras foram, elas mesmas, progressivamente reduzidas e empobrecidas. Um número cada vez menor de clérigos anglicanos vem das escolas públicas ou das velhas universidades, ou são educados à custa de suas próprias famílias; bispos não são homens ricos, e se envergonham de manter palácios. Os leigos anglicanos e os seguidores das Igrejas Livres foram educados nas mesmas universidades e, frequentemente, nas mesmas escolas. E, finalmente, eles estão todos expostos ao mesmo ambiente de uma cultura afastada da religião. Quando homens de diferentes convicções religiosas são unidos por interesses comuns e anseios comuns, por sua consciência de um mundo não cristão cada vez mais opressivo, e por sua inconsciência da medida em que eles próprios foram penetrados por influências não cristãs e por uma cultura neutra, só se pode esperar que os vestígios das distinções entre as várias culturas cristãs lhes pareçam de menor significância.

Não estou preocupado aqui com os perigos da reunião sob termos errôneos ou evasivos; preocupo-me, e muito, porém, com o perigo de que a reunião facilitada pelo desaparecimento das características dos diversos corpos reunidos possa acelerar e confirmar o rebaixamento geral da cultura. O refinamento ou a crueza do pensamento teológico e filosófico é em si, obviamente, uma das medidas do estado de nossa cultura; e a tendência em alguns estratos de reduzir a teologia a princípios tais que uma criança possa entender ou um sociniano aceitar é em si indicativa de debilidade cultural. Há um perigo maior, contudo, do nosso ponto de vista, em esquemas de reunião que tentam remover as dificuldades e proteger a autoafirmação de todos. Em uma era como a nossa, em que se tornou uma questão de educação dissimular distinções sociais e fingir que o mais alto nível de "cultura" deve se tornar acessível a todos – em uma era de nivelamento cultural, será negado que os diversos fragmentos cristãos a serem reunidos representem quaisquer diferenças culturais. Certamente, haverá forte pressão para uma reunião em termos de completa igualdade cultural. Pode-se dar atenção demais aos números relativos de membros dos corpos a se unir: pois uma cultura principal permanecerá uma cultura principal, e uma subcultura permanecerá uma subcultura, ainda que esta última atraia mais partidários do que a primeira. Sempre é o corpo religioso principal o guardião da maior parte do que restou dos mais altos desenvolvimentos culturais preservados de um tempo passado anterior às divisões. Não apenas é o corpo religioso principal o que tem uma teologia mais elaborada; é o corpo religioso principal também o menos alienado da melhor atividade intelectual e artística de seu tempo. Por conseguinte, é a ele que o convertido – e não penso apenas na conversão de uma forma de cristianismo a outra, mas principalmente na conversão da indiferença para a crença e a prática cristã –, o convertido de tipo intelectual ou sensível, é atraído para o tipo mais católico de adoração e doutrina. Essa atração, que pode ocorrer antes que o convertido em potencial tenha sequer começado a se informar sobre o cristianismo, pode ser citada pelo observador externo como uma prova de que o convertido se tornou um cristão pelas razões erradas, ou que ele é culpado de insinceridade e afetação. Cada pecado que pode ser imaginado já foi praticado, e a simulação da fé religiosa pode muito frequentemente ter ocultado a vaidade intelectual ou estética e a autoindulgência; porém, na perspectiva da proximidade entre religião e cultura, que é o ponto de partida de minha análise, um fenômeno tal como o progresso à fé religiosa por meio da atração cultural é tanto natural quanto aceitável.

Depois das considerações ora examinadas, devo tentar ligar este capítulo aos dois anteriores, inquirindo qual é o padrão ideal de união e diversidade entre as nações cristãs e entre os diversos estratos de cada nação. Deveria ser óbvio que o ponto de vista sociológico não pode nos levar àquelas conclusões que só chegam a ser devidamente alcançadas através de premissas teológicas; e o leitor dos capítulos anteriores estará preparado para não encontrar solução alguma em qualquer esquema rígido e imutável. Nenhuma garantia contra a deterioração cultural é oferecida por qualquer um dos três principais tipos de organização religiosa: a igreja internacional com um governo central, a igreja nacional ou a seita à parte. O perigo da liberdade é a liquefação; o perigo de uma ordem estrita é a petrificação. Tampouco podemos julgar a partir da história de qualquer sociedade se uma história religiosa diferente teria ou não teria resultado em uma cultura mais saudável hoje. Os efeitos desastrosos do conflito religioso armado dentro de um povo, como na Inglaterra no século XVII ou nos estados germânicos no século XVI, não precisam ser enfatizados; o efeito desintegrador da divisão sectária já foi tratado. No entanto, podemos perguntar se o metodismo não restaurou, no período de seu maior fervor, a vida espiritual dos ingleses e abriu caminho para o movimento evangélico e mesmo para o movimento oxfordiano. Além disso, a dissidência tornou possível para os cristãos "da classe trabalhadora" (embora talvez possa ter feito mais do que fez pelos cristãos "da classe operária") desempenhar aquele papel que todos os cristãos zelosos e socialmente ativos deveriam desejar desempenhar na condução de sua igreja local e nas organizações sociais e de caridade a ela ligadas.[3] A verdadeira escolha, por vezes, tem sido entre o sectarismo e a indiferença; e aqueles que escolheram o primeiro estavam, ao fazê-lo, mantendo viva a cultura de certo estrato social. Ademais, como expus no início, a cultura apropriada para cada estrato é de igual importância.

Assim como na relação entre as classes sociais, bem como na relação entre as diversas regiões de um país, e entre elas e o poder central, parece que uma constante luta entre as forças centrípeta e centrífuga é desejável. Porque sem essa luta, equilíbrio algum pode ser mantido, e se qualquer uma delas vencesse, o resultado seria deplorável. As conclusões que podemos extrair de nossas premissas e do ponto de vista sociológico parecem-me ser as seguintes. A cristandade deveria ser una: a forma de organização e o *locus* do poder nessa unidade é uma questão sobre a qual não podemos nos pronunciar. Contudo dentro da unidade deveria haver um conflito eterno de ideias, pois é apenas através da luta contra ideias falsas que surgem constantemente que a verdade é ampliada e esclarecida, e é no conflito com a heresia que a ortodoxia se desenvolve e vem a alcançar as necessidades de nosso tempo – um esforço permanente também por parte de cada região para modelar seu cristianismo e torná-lo adequado para si, um esforço que não deveria nem ser inteiramente suprimido, nem deixado inteiramente de lado. O temperamento local, assim como o estrato social, deve expressar suas particularidades em sua forma de cristianismo, para que a cultura adequada a cada área e a cada classe possa florescer; deve haver, ainda, contudo, uma força unindo todas essas classes e áreas. Se essa força corretiva no sentido da uniformidade de crença e prática estiver ausente, a cultura de cada parte sofrerá. Já sabemos que a cultura de uma nação prospera

---

[3] Vejam-se dois valiosos suplementos ao *The Christian News-Letter*: W. G. Symons "Ecumenical Christianity and the Working Classes", 30 jul. 1941; e John Marsh, "The Free Churches and Working Class Culture", 20 maio 1942.

com a prosperidade da cultura de seus diversos componentes, tanto geográficos quanto sociais, porém que ela mesma também precisa ser parte de uma cultura maior, que requer o ideal máximo, ainda que inalcançável, de uma "cultura mundial" em um sentido diferente daquele implícito nos esquemas dos que advogam uma federação mundial. E sem uma fé comum, todos os esforços para fazer com que as nações se aproximem culturalmente umas das outras poderá apenas produzir uma ilusão de unidade.

Capítulo 5 | Uma Nota sobre Cultura e Política

> A política, contudo, não o ocupou demasiadamente a ponto de desviar seus pensamentos de coisas de maior importância.
> SAMUEL JOHNSON sobre GEORGE LYTTELTON

Observamos, hoje em dia, que a "cultura" atrai a atenção dos homens da política: não que políticos sejam sempre "homens de cultura", mas que a "cultura" é reconhecida tanto como instrumento de política quanto como algo socialmente desejável, e cuja promoção é papel do Estado. Não apenas ouvimos dos altos escalões da política que as "relações culturais" entre as nações são de grande importância, como descobrimos que escritórios são fundados, e oficiais são nomeados, com o propósito expresso de cuidar dessas relações, que se creem necessárias para estimular os laços internacionais. O fato de que a cultura se tornou, em algum sentido, um departamento da política não deve obscurecer em nossa memória o fato de que, em outros períodos, a política foi uma atividade buscada internamente a uma cultura e entre representantes de diferentes culturas. Não é, portanto, impertinente tentar indicar o lugar da política em uma cultura unida e dividida de acordo com o tipo de unidade e divisão que estamos considerando.

Podemos supor, acredito, que em uma sociedade assim articulada a prática da política e um interesse ativo nos assuntos de interesse público não deveriam ser da responsabilidade de todos, ou de todos no mesmo grau, e que nem todo mundo deveria se preocupar, exceto em momentos de crise, com a conduta da nação como um todo. Em uma sociedade *regional* saudável, os assuntos públicos estariam sob a responsabilidade de todos, ou da grande maioria, apenas dentro de unidades sociais muito pequenas, e estariam sob a responsabilidade de um número progressivamente menor de homens nas unidades maiores dentro das quais as menores estivessem compreendidas. Em uma sociedade saudavelmente *estratificada*, os assuntos públicos seriam uma incumbência distribuída de modo desigual: uma incumbência maior seria herdada por aqueles que herdassem vantagens especiais, e cujo autointeresse, e o interesse por suas famílias ("a propriedade rural"), fossem coerentes com o espírito público. A elite governante, de uma nação como um todo, consistiria naqueles homens cuja responsabilidade fosse herdada com sua afluência e posição, e cujas forças fossem constantemente aumentadas, e com frequência conduzidas, por indivíduos em ascensão, de talentos excepcionais. Porém, quando falamos de uma elite governante, devemos ter cuidado para não pensar em uma elite acentuadamente separada das outras elites da sociedade.

A relação da elite política – pela qual nos referimos aos membros líderes de *todos* os grupos políticos efetivos e reconhecidos, pois a sobrevivência de um sistema parlamentarista requer um constante *jantar com a oposição*[1] – com as outras elites seria formulada de maneira muito rude se a descrevêssemos como o diálogo entre homens de ação e homens de ideias. É, antes, uma relação entre homens com diferentes tipos de mentalidade e pertencentes a diferentes áreas do pensamento e da ação. Uma forte distinção entre pensamento e ação não é mais defensável na vida política do que na religiosa, em que o contemplativo deve ter sua própria atividade, e o padre secular não deve ser inteiramente desprovido de prática na meditação. Não há

---

[1] Lembro-me, creio, que tal frase ou foi atribuída a Sir William Vernon Harcourt, ou utilizada a seu respeito.

plano algum da vida ativa em que o pensamento seja negligenciável, exceto o da mera execução automática de ordens; e não há nenhuma espécie de pensamento cujos efeitos sobre a ação possam ser completamente isentos.

Sugeri alhures[2] que uma sociedade corre perigo de desintegração quando pessoas de diferentes áreas de atividade – as mentes políticas, científicas, artísticas, filosóficas e religiosas – não entram em contato. Essa separação não pode ser reparada apenas pela organização pública. Não se trata de uma questão de reunir em comitês representantes com conhecimento e experiência de diferentes tipos, de pedir ajuda a todos para que aconselhem os outros. A elite deve ser algo distinto, algo muito mais organicamente composto, do que um painel de bonzos, caciques e magnatas. Homens que se encontram apenas para propósitos sérios e definidos e em ocasiões oficiais não se encontram completamente. Eles podem ter alguma preocupação em comum que lhes seja muito cara; eles podem, no curso de repetidos encontros, vir a compartilhar um vocabulário e uma linguagem que pareça comunicar todas as nuanças de significado necessárias para seu propósito comum; mas eles continuarão a se retirar desses encontros e a voltar cada um para seu mundo social privado assim como para seu mundo solitário. Todos observaram que a possibilidade de haver certa tranquilidade apaziguadora, ou determinada alegria e reciprocidade no empenho de uma tarefa comum, ou seriedade e relevância implícitas no ato de ouvir uma piada boba, são características da intimidade pessoal; e a simpatia presente em qualquer círculo de amigos depende de convenções sociais comuns, de rituais comuns e de diversões comuns como forma de lazer. Essas contribuições à intimidade não são menos importantes para comunicar sentido com palavras do que a posse de um assunto comum sobre o qual todas as partes estão

---

[2] T. S. Eliot, *A Ideia de uma Sociedade Cristã*. [Trad. Eduardo Wolf. São Paulo, É Realizações, 2016, p. 21].

informadas. É lastimável para um homem quando seus amigos e seus sócios nos negócios são dois grupos dissociados; também é restritivo quando se trata de um único grupo.

Tais observações sobre a intimidade pessoal não podem reivindicar qualquer novidade: a única novidade possível neste contexto é chamar a atenção para elas. Elas apontam para a conveniência de uma sociedade em que pessoas com todos os tipos de atividade superior podem se encontrar sem falar apenas de negócios ou se esforçar para falar dos negócios dos outros. Para avaliar corretamente um homem de ação devemos conhecê-lo: ou devemos ao menos ter conhecido um número suficiente de homens que exercem ocupação similar para sermos capazes de formular uma suposição sagaz sobre um homem que ainda não conhecemos. Conhecer um homem de ideias e formar uma opinião sobre a sua personalidade pode ser de grande ajuda para julgar suas ideias. Isso não é inteiramente inadequado mesmo no campo da arte, embora seja necessário fazer importantes reservas, e embora as impressões sobre a personalidade de um artista frequentemente afetem a opinião sobre seu trabalho de maneira deveras irrelevante – pois todo artista deve ter observado que, enquanto um pequeno grupo de pessoas passa a desdenhar de seu trabalho mais fortemente depois de conhecê-lo, também há várias outras pessoas que se tornam mais favoravelmente inclinadas à sua obra caso o considerem uma pessoa agradável. Essas vantagens persistem ainda que possam afrontar a razão e apesar do fato de nas populosas sociedades modernas ser impossível que todos se conheçam.

Em nosso tempo, lemos muitos livros novos, ou somos oprimidos pela ideia de haver livros novos cuja leitura estamos negligenciando; lemos muitos livros, porque não podemos conhecer pessoas o suficiente; não podemos conhecer todas as pessoas que nos seria proveitoso conhecer, porque existem muitas delas. Consequentemente, se temos a habilidade de juntar palavras e a felicidade de conseguir que sejam impressas, comunicamo-nos escrevendo mais livros. Com frequência, podemos ignorar justamente os livros de escritores que temos a sorte de conhecer; e, quanto mais os conhecemos pessoalmente, menos necessidade sentimos de ler o que escrevem. Somos sobrecarregados não apenas com novos livros em demasia: somos ainda mais constrangidos por um excesso de periódicos, artigos e memorandos confidenciais. No esforço de nos mantermos em dia com as mais inteligentes dessas publicações, talvez sacrifiquemos as três razões permanentes para a leitura: a aquisição de sabedoria, o deleite artístico e o prazer do entretenimento. Enquanto isso, o político profissional tem coisas demais a fazer e assim não dispõe de tempo ocioso para dedicar à leitura, nem mesmo sobre política. Ele tem muito pouco tempo para o intercâmbio de ideias e de informações com outros homens proeminentes que levam outro tipo de vida. Em uma sociedade de menor tamanho (uma sociedade, portanto, que fosse menos alucinadamente *ocupada*), poderia haver mais conversa e menos livros; e não observaríamos a tendência – da qual este ensaio oferece um exemplo –, por parte daqueles que adquiriram certa reputação, de escrever livros que fugissem ao assunto sobre o qual eles construíram sua reputação.

É pouco provável, nessa pilha de publicações, que as obras mais profundas e originais capturem o olhar ou chamem a atenção de um grande público, ou mesmo de um bom número de leitores qualificados a apreciá-las. As ideias que seguem uma tendência ou uma atitude emocional têm muito mais alcance; e algumas outras serão distorcidas para se ajustar ao que já é aceito. O resíduo na opinião pública dificilmente será a destilação dos melhores e mais sábios: é mais provável que ele represente as ideias preconcebidas da maioria dos editores e críticos. É assim que são formadas as *idées reçues* – mais precisamente, as *mots reçus* – que, em virtude de sua influência emocional sobre aquela parte do público que é influenciada pelo conteúdo impresso, têm de ser levadas em conta pelo político profissional, e tratadas com respeito em seus pronunciamentos públicos. É desnecessário, para a recepção simultânea de tais "ideias", que elas sejam consistentes entre si; e, embora se contradigam umas às outras, o político pragmático deve lidar com elas com tanta deferência quanto se fossem o resultado de um conhecimento astuto, de intuições de gênios ou da sabedoria acumulada no decorrer de eras. *Grosso modo*, ele não sente a fragrância que elas podem ter exalado quando ainda eram frescas; ele apenas as inala quando já começam a cheirar mal.

Em uma sociedade tão estratificada que chega a ter diversos níveis de cultura e diversos níveis de poder e autoridade, o político poderia, pelo menos, refrear-se no uso da linguagem, por respeito pelo julgamento e por medo do ridículo, por parte de um público menor e mais crítico, no seio do qual se preservasse certo padrão de estilo de prosa. Caso se tratasse também de uma sociedade descentralizada, uma sociedade em que as culturas locais continuassem a florescer, e em que a maioria das questões fossem problemas locais sobre os quais as populações locais pudessem formar uma opinião a partir de sua própria experiência e da conversa com seus vizinhos, os pronunciamentos políticos também tenderiam a manifestar maior clareza e a se sujeitar a menos variações em sua interpretação. Um discurso local sobre um assunto local provavelmente será mais inteligível do que aquele que se dirige a uma nação inteira, e observamos que geralmente é em discursos dirigidos ao mundo todo que encontramos a maior ocorrência de ambiguidades e generalidades obscuras.

É sempre desejável que uma parte da educação daquelas pessoas que nasceram, ou são qualificadas por suas habilidades, para ingressar nos níveis políticos superiores da sociedade seja devotada à instrução na história, e que uma parte do estudo da história seja dedicada à história da teoria política. A vantagem do estudo da história grega e da teoria política grega, como preliminar ao estudo de outra história e outra teoria, é sua *maneabilidade*: ela diz respeito a uma área pequena, a homens, e não massas, e às paixões humanas de indivíduos, e não àquelas vastas forças impessoais que em nossa sociedade moderna são úteis ao pensamento – e cujo estudo tende a obscurecer o estudo dos seres humanos. Ademais, é improvável que um leitor de filosofia grega confie sobremaneira nos efeitos da teoria política; pois ele observará que o estudo das formas políticas parece ter surgido do fracasso dos sistemas políticos, e que nem Platão nem Aristóteles estavam muito preocupados com predições ou eram otimistas com relação ao futuro.

O tipo de teoria política que surgiu em tempos mais modernos está menos preocupado com a natureza humana, a qual este tipo tende a tratar como algo que sempre pode ser remodelado para se adequar a qualquer forma política considerada como a mais desejável. Seus dados reais são forças impessoais que podem ter se originado no conflito e na combinação de desejos humanos, mas que vieram a suplantá-los. Como uma parte da disciplina acadêmica para os jovens, ela sofre de inúmeros inconvenientes. Ela tende, é claro, a formar mentes que serão ajustadas para pensar apenas em termos de forças impessoais e inumanas, e, com isso, a desumanizar seus estudantes. Ocupando-se da humanidade apenas enquanto massa, ela tende a se separar da ética; ocupando-se apenas daquele recente período da história durante o qual se pode mostrar facilmente que a humanidade foi regida por forças impessoais, ela reduz o estudo adequado da humanidade aos últimos duzentos ou trezentos anos. Com muita frequência, ela inculca uma crença em um futuro inflexivelmente determinado e, ao mesmo tempo, em um futuro que estamos inteiramente livres para moldar como quisermos. O pensamento político moderno, inextricavelmente envolvido com a economia e a sociologia, apropria-se da posição de rainha das ciências. Pois as ciências exatas e experimentais são julgadas de acordo com sua utilidade e são valorizadas na medida em que produzem resultados – seja para tornar a vida mais confortável e menos cansativa, seja para torná-la mais precária e dar-lhe um fim mais rápido. A cultura em si é vista tanto como um subproduto negligenciável que pode ser deixado por conta própria, quanto como um departamento da vida a ser organizado de acordo com o esquema particular que favorecemos. Tenho em mente não apenas as filosofias mais dogmáticas e totalitárias dos dias de hoje, mas também as suposições que matizam o pensamento em todos os países e tendem a ser compartilhadas entre as partes mais antagônicas.

Um importante documento na história da direção política da cultura será o ensaio *Literatura e Revolução*, de Leon Trotski, do qual uma tradução inglesa foi publicada em 1925.[3] A convicção, que parece estar profundamente arraigada na mentalidade moscovita, de que é o papel da Mãe Rússia doar ao resto do mundo não apenas ideias e formas políticas, mas um modo de vida completo, conseguiu tornar todos nós mais politicamente conscientes acerca da cultura. Houve, porém, outras causas, além da Revolução Russa, para essa consciência. As pesquisas e as teorias dos antropólogos tiveram seu papel – e levaram-nos a estudar as relações entre os poderes imperiais e os povos subjugados com renovada ênfase. Os governos estão mais conscientes da necessidade de se levar em consideração as diferenças culturais, e, na medida em que a administração colonial é controlada a partir do centro imperial, essas diferenças são cada vez mais importantes. Um povo isolado nem sequer está consciente de que tem uma "cultura". E as diferenças entre as diversas nações europeias no passado não eram amplas o suficiente para fazer com que seus povos vissem suas culturas como diferentes a ponto de gerar conflito e incompatibilidade: a consciência cultural como meio de unir uma nação contra as outras nações foi explorada pela primeira vez pelos

---

[3] Leon Trotski, *Literatura e Revolução*. São Paulo, Zahar, 2007. Ele não transmite a ideia de que Trotski fosse muito sensível à literatura; mas a de que ele era, do seu ponto de vista, muito perspicaz quanto ao tema. Como todos os textos do autor, o livro é repleto de considerações sobre personalidades russas menores, que o estrangeiro ignora e nas quais não está interessado; tal indulgência para com os detalhes, embora confira certo tom provinciano à obra, fornece-lhe todo um aspecto de autenticidade, como se ela tivesse sido escrita mais para expressar francamente as opiniões do autor do que visando ao público estrangeiro.

governantes recentes da Alemanha. Hoje, assumimos uma forma de consciência cultural que fomenta o nazismo, o comunismo e o nacionalismo, todos ao mesmo tempo; uma forma que enfatiza a separação sem nos ajudar a superá-la. Neste ponto, algumas observações sobre os efeitos culturais do império (em seu sentido mais abrangente) não serão inoportunas.

Os primeiros governantes britânicos da Índia sentiam-se gratificados ao governar; alguns deles, através da longa residência e da ausência continuada da Grã-Bretanha, assimilaram a mentalidade do povo que governavam. Um tipo mais recente de governante, explícita e crescentemente os servidores do Whitehall,[4] servindo apenas por um período limitado (depois do qual eles retornavam a seu país de origem, quer para se aposentar ou para exercer outra atividade), buscavam, em vez disso, levar à Índia os benefícios da civilização ocidental. Eles não pretendiam erradicar, ou impor, uma "cultura" total: mas a superioridade da organização social e política ocidental, da educação inglesa, da justiça inglesa, do "iluminismo" e da ciência ocidentais lhes parecia tão autoevidente que o simples desejo de fazer o bem teria sido um motivo suficiente para introduzir tais coisas. Do britânico, inconsciente da importância da religião na formação de sua própria cultura, dificilmente se poderia esperar que reconhecesse sua importância na preservação de outra. Na gradativa imposição de uma cultura estrangeira – uma imposição em que a força tem um papel menor: o apelo à ambição e a tentação a que os nativos são expostos, de admirar as coisas erradas na civilização ocidental, e pelas razões erradas, são muito mais decisivas –, os motivos da arrogância e da generosidade estão sempre inextricavelmente misturados; há, ao mesmo tempo, uma asserção de superioridade e um desejo de comunicar o modo de vida sobre o qual

---

[4] Referência ao governo do Reino Unido, cujo centro administrativo se localiza na Rua Whitehall, em Westminster, Londres. (N. T.)

essa suposta superioridade está baseada, de forma que os nativos adquirem um gosto pelas maneiras ocidentais, uma admiração invejosa pelo poder material, e um ressentimento contra seus tutores. O sucesso parcial de ocidentalização, a cujas vantagens aparentes alguns membros de uma sociedade oriental rapidamente se agarram, tendeu a tornar o oriental muito mais descontente com sua própria civilização e mais ressentido com aquela que causou esse descontentamento; tornou-o mais consciente das diferenças, ao mesmo tempo que obliterou algumas delas; e dissolveu a cultura nativa em seu mais alto nível, sem penetrar na massa. E ficamos com a melancólica reflexão de que a causa dessa desintegração não é a corrupção, a brutalidade ou a má administração: tais males tiveram um papel menor, e nenhuma nação governante teve menos de que se envergonhar do que a Grã-Bretanha nesses particulares; a corrupção, a brutalidade e a má administração eram comuns demais na Índia antes de os britânicos chegarem, para que sua perpetração desorganizasse o tecido social indiano. A causa reside no fato de que não pode haver um acordo permanente entre estes extremos: por um lado, um governo externo que se contente em manter a ordem e em deixar inalterada a estrutura social e, por outro, uma completa assimilação cultural. O fracasso em atingir esta última é um fracasso religioso.[5]

---

[5] Uma interessante análise dos efeitos do contato cultural no Oriente pode ser encontrada em *The British in Asia*, de Guy Wint. As sugestões ocasionais de Wint acerca do impacto da Índia sobre os britânicos não são menos sugestivas do que seu relato do impacto dos britânicos sobre a Índia. Por exemplo: "Não se tem certeza de como o preconceito de cor inglês começou – se foi herdado dos portugueses na Índia, ou se foi uma contaminação pelo sistema de castas hindu, ou, como foi sugerido, se começou com a chegada das esposas insulares e suburbanas dos funcionários públicos, ou se teve outra causa. Os britânicos na Índia eram pessoas de classe média vivendo na condição artificial de não ter acima deles nenhuma classe superior de seu próprio povo, e abaixo deles nenhuma classe inferior de seu próprio povo. Era um estado de existência que levou a uma combinação de arrogância e atitude defensiva" (p. 209).

Apontar o dano causado às culturas nativas no processo de expansão imperial não é de forma alguma uma acusação contra o império em si, como os defensores da dissolução imperial estão bastante inclinados a inferir. De fato, com frequência são esses mesmos anti-imperialistas que, sendo liberais, acreditam mais complacentemente na superioridade da civilização ocidental e, ao mesmo tempo, não percebem nem os benefícios conferidos por um governo imperial, nem os prejuízos causados pela destruição da cultura nativa. De acordo com esses entusiastas, faremos bem em nos intrometer em outra civilização, equipar seus membros com nossas invenções mecânicas, nossos sistemas de governo, educação, lei, medicina e finanças, inspirar neles um desprezo por seus próprios costumes e uma atitude iluminista com relação à superstição religiosa – e, então, deixá-los cozinhar no caldo que lhes preparamos.

É notável que a mais veemente crítica ou insulto contra o imperialismo britânico frequentemente é feita por representantes de sociedades que praticam uma forma diferente de imperialismo – quer dizer, de expansão que traz benefícios materiais e estende a influência da cultura. Os Estados Unidos tenderam a impor seu modo de vida principalmente através dos negócios, criando um gosto por suas mercadorias. Mesmo o mais humilde artefato material, que é produto e símbolo de uma civilização particular, é um emissário da cultura que o originou: para particularizar, apenas menciono aquele influente e inflamável artigo de filme celuloide; portanto, a expansão econômica americana pode ser também, à sua maneira, a causa da desintegração das culturas com que entra em contato.

O mais novo tipo de imperialismo, o da Rússia, é provavelmente o mais engenhoso e o mais bem calculado para florescer de acordo com o temperamento da presente era. O império russo parece ser meticuloso em evitar a fragilidade dos impérios que o precederam: ele é ao mesmo tempo mais implacável e mais cuidadoso com a vaidade dos povos subjugados. A doutrina oficial é de completa igualdade racial – uma aparência mais fácil para a Rússia preservar na Ásia, por causa do matiz oriental da mentalidade russa e por causa do atraso do desenvolvimento da Rússia de acordo com os padrões ocidentais. Tentativas de se preservar a aparência de um autogoverno e de uma autonomia locais parecem ter sido feitas: o objetivo, eu suspeito, é dar às diversas repúblicas locais e aos Estados satélites a ilusão de uma espécie de independência, enquanto o verdadeiro poder é exercido a partir de Moscou. A ilusão deve, por vezes, dissipar-se, quando uma república local é reduzida, de maneira repentina e infame, ao status de um tipo de província ou colônia real; porém ela é mantida – e isso é o mais interessante de nosso ponto de vista – através de um cuidadoso estímulo da "cultura" local, cultura no sentido reduzido da palavra, ou seja, tudo o que é pitoresco, inofensivo e separável da política, tal como a língua e a literatura, as artes e os costumes locais. Porém, como a Rússia soviética deve manter a subordinação da cultura à teoria política, o sucesso de seu imperialismo parece propenso a levar a uma sensação de superioridade por parte do único de seus povos em que sua teoria política foi formada; assim, enquanto o Império Russo se mantiver coeso, podemos esperar encontrar a crescente afirmação de uma cultura moscovita dominante, com as raças subordinadas sobrevivendo, não enquanto povos, cada um com seu padrão cultural próprio, mas como castas inferiores. Seja como for, os russos foram o primeiro povo moderno a praticar a direção política da cultura conscientemente e a atacar a todo momento a cultura de qualquer povo que eles desejassem dominar. Quanto mais desenvolvida é uma cultura estrangeira, mais meticulosas são as tentativas de extirpá-la pela eliminação daqueles elementos da população subjugada em que a cultura é mais consciente.

Os perigos resultantes da "consciência cultural" no Ocidente são atualmente de um tipo diferente. Nossos motivos, na tentativa de fazer alguma coisa sobre nossa cultura, ainda não são conscientemente políticos. Eles resultam da consciência de que nossa cultura não está muito saudável, e do sentimento de que devemos tomar providências para melhorar sua condição. Essa consciência transformou o problema da educação, tanto ao identificar a cultura com a educação quanto ao se voltar para a educação como o único instrumento disponível para aperfeiçoar nossa cultura. Quanto à intervenção do Estado, ou de algum órgão semioficial subsidiado por ele, em assistência às artes e às ciências, podemos ver muito bem a necessidade, nas condições atuais, de tal apoio. Um órgão como o British Council [Conselho Britânico], ao enviar constantemente representantes das artes e das ciências para o exterior, e convidar representantes estrangeiros ao país, é inestimável em nosso tempo – entretanto, não devemos aceitar como normais e saudáveis ou permanentes as condições que tornam tal direção necessária. Estamos preparados para acreditar que haverá, sob quaisquer condições, tarefas úteis para o British Council executar; mas não deveríamos gostar de nos assegurar de que jamais será possível novamente que os membros da elite intelectual de todos os países viajem como cidadãos e se conheçam sem a aprovação e o apoio de alguma organização oficial. É bastante provável que algumas atividades importantes jamais serão possíveis novamente sem suporte oficial de algum tipo. O progresso das ciências experimentais agora requer um vasto e dispendioso aparato, e a prática das artes já não tem, em qualquer escala maior, o benefício da patronagem privada. Algumas seguranças podem ser oferecidas contra o aumento da centralização do controle e da politização das artes e das ciências, encorajando a iniciativa e a responsabilidade locais, e, tanto quanto possível, separando a fonte central dos recursos do controle sobre seus usos. Faríamos bem, igualmente, em nos referir a cada uma das atividades subsidiadas e artificialmente estimuladas por seu próprio nome: façamos o que é necessário pela pintura e pela escultura, ou pela arquitetura, ou pelo teatro, ou pela música, ou por uma ou outra ciência ou departamento do exercício intelectual, falando de cada um com seu nome, e restringindo o uso da palavra "cultura" como um termo abrangente. Pois, de outro modo, passamos indevidamente à suposição de que a cultura pode ser planejada. A cultura jamais pode ser inteiramente consciente – ela é sempre mais do que aquilo de que estamos conscientes; e ela não pode ser planejada, porque é também o pano de fundo inconsciente de todo nosso planejamento.

Capítulo 6 | Notas sobre Educação e Cultura: e Conclusão

Durante a última guerra, foi publicado um número excepcional de livros sobre educação; além deles, volumosos relatórios de comissões, e um incalculável número de contribuições sobre esse tema em periódicos. Não é meu propósito, e tampouco é de minha competência, comentar o conjunto da teoria educacional corrente; porém, cabe fazer aqui alguns comentários sobre o assunto devido à estreita associação, na visão de muitos, entre educação e cultura. O que interessa à minha tese é o tipo de suposição feita por aqueles que escrevem sobre educação. As notas que seguem comentam algumas dessas suposições predominantes.

1. QUE, ANTES DE ENTRAR EM QUALQUER DISCUSSÃO SOBRE EDUCAÇÃO, DEVE-SE DETERMINAR O PROPÓSITO DA EDUCAÇÃO.

Isso é algo muito diferente de definir a palavra "educação". O *Dicionário Oxford* nos diz que educação é o "processo de ensino (de jovens)"; que é "a instrução e o treinamento sistemáticos oferecidos aos jovens (e, por extensão, aos adultos) em preparação para as ocupações da vida"; que é também o "cultivo ou desenvolvimento de capacidades, formação de caráter". Ficamos sabendo que a primeira dessas definições é conforme o uso do termo no século XVI, e que o terceiro uso parece ter surgido no século XIX. Em resumo, o dicionário diz o que já sabemos, e não vejo como um dicionário poderia fazer mais do que isso. Porém, quando os escritores tentam determinar o *propósito* da educação, estão fazendo uma de duas coisas: ou bem estão elucidando o que acreditam ter sempre sido o propósito inconsciente e, portanto, dando seu próprio significado à história do assunto em questão; ou bem estão formulando o que pode não ter sido – ou pode ter sido, mas apenas de maneira irregular – o verdadeiro propósito no passado, mas que deveria, em sua opinião, ser o propósito que direcionaria o desenvolvimento futuro. Vejamos algumas dessas declarações sobre o propósito da educação. Em *The Churches Survey Their Task*, um volume publicado conjuntamente com a Conferência de Oxford sobre Igreja, Comunidade e Estado em 1937, encontramos o seguinte:

> Educação é o processo através do qual a comunidade busca abrir-se a todos os indivíduos que a compõem e habilitá-los para que nela eles tomem seu lugar. Ela busca transmitir-lhes sua cultura, incluindo os padrões segundo os quais ela os faria viver. Onde essa cultura é vista como final, é feita a tentativa de impô-la às mentes mais jovens. Onde ela é vista como um estágio de desenvolvimento, as mentes mais jovens são treinadas tanto para recebê-la quanto para criticá-la e melhorá-la.
>
> Essa cultura é composta por vários elementos. Ela vai de habilidades e conhecimentos rudimentares à interpretação do universo e do homem segundo a qual a comunidade vive [...].

O propósito da educação, ao que parece, é transmitir cultura: logo, a cultura (que não foi definida) provavelmente limita-se ao que pode ser transmitido pela educação. Embora talvez se admita que "educação" seja mais abrangente do que "sistema educacional", devemos observar que a suposição de que a cultura pode ser resumida como habilidades e interpretações está em controvérsia com a visão mais abrangente de cultura que busco extrair. Aliás, devemos olhar com cuidado para essa personificação da "comunidade" que é o depósito da autoridade.

Outra explicação do propósito da educação é aquele que a considera em termos de transformações sociais e políticas. Este, se o compreendi, é o propósito que anima o Sr. H. C. Dent. "Nosso ideal", diz ele em *A New Order in English Education*, "é uma democracia completa." A democracia completa não é definida, e, se for alcançada, gostaríamos de saber qual será nosso próximo objetivo para a educação.

O Sr. Herbert Read faz sua descrição do propósito da educação em *Education Through Art*. Não creio que o Sr. Read estaria completamente de acordo com o Sr. Dent, pois enquanto este quer uma "democracia completa", aquele diz que "opta por uma concepção libertária de democracia", que suspeito ser uma democracia muito diferente daquela defendida por Dent. Read (apesar de sua *opção*) é muito mais preciso no uso das palavras do que Dent; logo, enquanto é menos provável que ele confunda o leitor apressado, é mais provável que ele venha a confundir o diligente. É optando por uma concepção libertária da democracia, diz ele, que respondemos à questão "qual é o propósito da educação?". Tal propósito é mais precisamente definido como "a reconciliação da singularidade individual com a unidade social".

Outro tipo de descrição do propósito da educação é a descrição incompleta, da qual o Dr. F. C. Happold (em *Towards a New Aristocracy*) nos fornece uma amostra. A tarefa fundamental da educação, somos informados pelo Dr. Happold, é "treinar a espécie de homens e mulheres de que a época necessita". Se acreditamos que há algumas espécies de homens e mulheres que são necessárias a cada época, podemos observar que deveria haver tanto permanência quanto transformação na educação. A descrição é, contudo, incompleta, pois nos deixa sem saber quem deve determinar quais são as necessidades da época.

Uma das mais frequentes respostas à pergunta "qual é o propósito da educação?" é "a felicidade". O Sr. Herbert Read também nos dá essa resposta, em um panfleto chamado *The Education of Free Men*, dizendo que não conhece melhor definição dos objetivos da educação do que a de William Godwin: "a verdadeira finalidade da educação... é a geração da felicidade". "O propósito do governo", dizia o relatório governamental que anunciava o mais recente Ato de Educação, "é assegurar às crianças uma infância mais feliz e um melhor começo na vida". A felicidade é frequentemente associada com "o completo desenvolvimento da personalidade".

O Dr. C. E. M. Joad, demonstrando maior prudência do que a maioria daqueles que tentam responder a tal questão, sustenta a visão, que me parece muito sensata, de que a educação tem uma série de finalidades. Dessas, ele lista três (em *About Education*, um dos melhores livros para se ler sobre o assunto, dentre os que consultei):

1. Capacitar o menino ou a menina a se sustentar. [...]

2. Prepará-los para tomar seus lugares como cidadãos de uma democracia.

3. Permitir-lhes desenvolver todas as capacidades e as faculdades latentes de sua natureza, para que assim possam desfrutar de uma vida satisfatória.

É um alívio, neste ponto, ver-nos apresentada a noção simples e inteligível de que oferecer as ferramentas para que uma pessoa possa se sustentar é um dos propósitos da educação. Novamente, percebemos a estreita ligação entre educação e democracia; quanto a isso, também, o Dr. Joad talvez seja mais prudente do que Dent ou Read, não qualificando sua "democracia" com um adjetivo. "Desenvolver todas as capacidades e as faculdades latentes" parece ser uma variante de "desenvolvimento completo da personalidade", mas o Dr. Joad é perspicaz ao evitar o uso dessa enigmática palavra "personalidade".

Alguns, sem dúvida, discordarão da seleção de propósitos do Joad, e podemos, com mais razão, reclamar que nenhum deles nos leva muito longe sem nos deixar em maus lençóis. Todos eles expressam alguma verdade: porém, como cada um deles precisa ser corrigido pelos outros, é possível que todos precisem ser ajustados a outros propósitos também. Cada um deles precisa de alguma qualificação. Uma direção particular da educação pode, no mundo em que um jovem se encontra, ser exatamente o que é necessário para desenvolver seus dons particulares e ainda assim comprometer sua habilidade de se sustentar. A educação de um jovem para que ele assuma seu lugar em uma democracia é uma adaptação necessária do indivíduo ao ambiente, se uma democracia é aquilo em que ele deve tomar seu lugar: caso contrário, ela estará tornando o aluno um instrumento para a realização de uma transformação social na qual o educador tem interesse – e isso não é educação, mas alguma outra coisa. Não estou negando que uma democracia seja a melhor forma de sociedade, mas ao introduzir esse critério para a educação, o Dr. Joad, juntamente com outros escritores, oferece a oportunidade, àqueles que acreditam em alguma outra forma de sociedade – forma esta da qual o Dr. Joad pode não gostar –, de substituir (e enquanto ele estiver falando apenas de educação, o Dr. Joad não poderia reprimi-lo) a definição por algo como o seguinte: "Um dos propósitos da educação é preparar o menino ou a menina para tomar seu lugar como súdito de um governo despótico". Finalmente, quanto ao desenvolvimento de todas as capacidades e faculdades latentes na natureza de uma pessoa, não estou certo de que se possa esperar tanto: talvez possamos apenas desenvolver algumas capacidades e faculdades em detrimento de outras, e talvez haja alguma escolha, assim como inevitavelmente algum acaso, na direção que o desenvolvimento de qualquer pessoa venha a tomar. Além disso, quanto à vida satisfatória, há alguma ambiguidade no sentido em que "desfrutaremos" dela; e o que é a vida satisfatória tem sido objeto de discussão desde os tempos mais remotos até os dias de hoje.

O que ressaltamos especialmente sobre o pensamento educacional dos últimos anos é o entusiasmo com que a educação tem sido aceita como instrumento para a realização de ideais sociais. Seria uma pena se negligenciássemos as possibilidades da educação como um meio de aquisição de *sabedoria*; se menosprezássemos a aquisição de *conhecimento* pela satisfação da curiosidade, sem qualquer outro motivo que não o desejo de conhecer; e se perdêssemos nosso respeito pelo *aprendizado*. Basta do propósito da educação. Passo para a próxima suposição.

2. QUE A EDUCAÇÃO TORNA AS PESSOAS MAIS FELIZES.

Já descobrimos que o propósito da educação tem sido definido como o de tornar as pessoas mais felizes. A suposição de que ela *de fato* as torna mais felizes precisa ser considerada separadamente. Que uma pessoa educada é mais feliz do que uma não educada é algo que não precisa de explicação. Aqueles que são conscientes de não terem recebido educação ficarão descontentes, caso tenham a ambição de se destacar em ocupações para as quais não estão qualificados; por vezes, eles ficam descontentes simplesmente porque foram levados a entender que mais educação os tornaria mais felizes. Muitos de nós nos ressentimos com nossos pais, com nossas escolas ou com nossas universidades por não terem cuidado melhor de nós: essa pode ser uma maneira de atenuar nossas próprias deficiências e escusar nossos fracassos. Por outro lado, ser mais educado do que aqueles cujos hábitos e gostos sociais herdamos pode causar uma divisão dentro de nós que interfere na felicidade – muito embora, quando o indivíduo é dotado de um intelecto superior, isso possa lhe propiciar uma vida mais útil e completa. Por sua vez, treinar, ensinar ou instruir uma pessoa além do que permitem suas habilidades e força pode ser desastroso; pois a educação é um esforço e pode impor fardos mais pesados sobre tal mente do que ela é capaz de suportar. Educação demais, assim como educação de menos, pode gerar infelicidade.

3. QUE A EDUCAÇÃO É ALGO QUE TODOS DESEJAM.

As pessoas podem ser persuadidas a desejar praticamente qualquer coisa, por um tempo, se com frequência lhe disserem que se trata de algo a que têm direito e que lhes é injustamente recusado. O desejo espontâneo por educação é maior em algumas comunidades do que em outras; em geral, aceita-se que ele é maior no norte do que no sul da Inglaterra, e ainda mais forte na Escócia. É possível que o desejo por educação seja maior onde há dificuldades em obtê-la – dificuldades que não são insuperáveis, mas que só podem ser superadas às custas de certo sacrifício e de certa privação. Se assim é, podemos conjecturar que a facilidade em obter educação levará à indiferença com relação a ela; e que a imposição universal da educação até os anos da maturidade levará à hostilidade contra ela. Uma média alta de educação generalizada é, talvez, menos necessária para uma sociedade civil do que o respeito pelo aprendizado.

4. QUE A EDUCAÇÃO DEVE SER ORGANIZADA DE MANEIRA A GARANTIR "IGUALDADE DE OPORTUNIDADES".[1]

Segue-se do que foi dito em um capítulo anterior sobre classes e elites, que a educação deveria ajudar a preservar a classe e a selecionar a elite. É certo que o indivíduo excepcional deve ter a oportunidade de ascender na escala social e alcançar uma posição na qual possa exercer seus talentos para seu máximo benefício, assim como

---

[1] Isso pode ser chamado de jacobinismo na educação. O jacobinismo, segundo alguém que se dedicou ao tema, consistia em "considerar as pessoas como indivíduos iguais, sem qualquer nome ou descrição a elas associados, sem atenção à propriedade, sem divisão de poderes e constituindo o governo de delegados a partir de certo número de homens, assim constituídos; em destruir ou confiscar a propriedade, aliciar os credores públicos, ou o povo pobre, com os espólios, ora de uma parte, ora de outra, da comunidade, sem levar em conta a instrução ou a profissão" (Edmund Burke, *Remarks on the Policy of the Allies*).

para o da sociedade a que pertence. Porém, o ideal de um sistema educacional que selecionasse seus alunos automaticamente de acordo com suas capacidades inatas é, na prática, inalcançável; ademais, se fizéssemos dele nosso principal objetivo, ele desorganizaria a sociedade e degradaria a educação. Desorganizaria a sociedade ao substituir as classes por elites de inteligência, ou, possivelmente, apenas elites de acentuada sagacidade. Qualquer sistema educacional que tenha por objetivo um completo ajuste entre educação e sociedade tenderá tanto a restringir a educação àquilo que conduz ao sucesso no mundo quanto a restringir o sucesso no mundo àquelas pessoas que foram boas alunas do sistema. A perspectiva de uma sociedade governada e dirigida apenas por aqueles que passaram por certas seleções ou que obtiveram resultados satisfatórios em exames concebidos por psicólogos não é nada reconfortante: embora possa abrir perspectivas para talentos até então obscurecidos, ela provavelmente obscureceria outros, e reduziria à impotência algumas pessoas que deveriam ter prestado altos serviços. Além disso, o ideal de um sistema uniforme tal que ninguém capaz de receber uma educação mais elevada deixasse de recebê-la leva imperceptivelmente à educação de pessoas demais e, consequentemente, ao rebaixamento do padrão que esse número inflado de candidatos é capaz de alcançar.

Nada é mais comovente no tratado do Dr. Joad do que a passagem em que ele discorre minuciosamente sobre as amenidades de Winchester e Oxford. O Dr. Joad fez uma visita a Winchester e, enquanto estava lá, perambulou por um agradável jardim. Suspeita-se que ele tenha entrado no jardim da reitoria, porém ele não sabia de que jardim se tratava. Esse jardim o levou a ruminar ideias sobre a Universidade e sua "mescla de obras da natureza e do homem". "O que eu vejo", disse de si para si, "é o produto final de uma longa tradição, que nesse caso particular remonta, historicamente, aos Tudor." (Não vejo por que ele tenha parado nos Tudor, porém foi longe o bastante para dar alento à emoção que tomara conta de seu espírito.) Não foram apenas a natureza e a arquitetura que o impressionaram; ele estava consciente, também, de uma "longa tradição de homens tranquilos levando vidas dignas e ociosas". De Winchester, sua mente passou a Oxford – à Oxford que ele conhecera como estudante de graduação – e, novamente, não foram apenas a arquitetura e os jardins que seu pensamento alcançou, mas também os homens:

> Mesmo em minha época, porém [...] quando a democracia já chegava aos portões da cidadela que logo viria a conquistar, podia-se observar uma pálida consequência do crepúsculo grego. Em Balliol, em 1911, havia um grupo de jovens centrado em torno de Grenfells e de John Manners, muitos dos quais foram mortos na última guerra, que davam como certo que remariam nos barcos do *College*, que jogariam hóquei ou rúgbi pelo *College*, ou mesmo pela Universidade, que atuariam pela O.U.D.S. [Oxford University Dramatic Society], exibir-se-iam nos jantares de reencontro do *College*, passariam noites conversando com os colegas, enquanto, ao mesmo tempo, obteriam suas titulações, seus prêmios, seu "First in Greats".[2] O primeiro lugar era obtido, quando o era, sem dificuldades. Não vi homens como estes nem antes nem depois. Pode ser que fossem os últimos representantes de uma tradição que morreu com eles. [...]

Soa estranho, depois dessas nostálgicas reflexões, que o Dr. Joad viesse a encerrar seu capítulo apoiando a proposta de R. H. Tawney: as escolas públicas deveriam ficar a cargo do Estado, sendo utilizadas como internatos para acomodar, por dois ou três anos, os alunos intelectualmente mais capazes das escolas secundárias para rapazes, entre os dezesseis e os dezoito anos. Afinal, as condições sobre as quais ele profere tão lacrimosas palavras de despedida não foram produzidas pela igualdade de oportunidades. Nem foram produzidas, tampouco, pelo mero privilégio; antes, por uma feliz combinação de privilégio e oportunidade, na *mescla* que ele tanto aprecia, e cujo segredo nenhum Ato Educacional jamais virá a descobrir.

---

[2] Primeiro lugar no tradicional curso em Humanidades, centrado nos clássicos de Grécia e Roma. (N. T.)

5. O DOGMA DO MILTON MUDO E INGLÓRIO.

O dogma da igualdade de oportunidades, que está associado à crença de que a superioridade é sempre superioridade de intelecto, de que algum método infalível pode ser criado para detectar esse intelecto, e de que um sistema que o alimentará infalivelmente pode ser desenvolvido, obtém um reforço emocional na crença do Milton mudo e inglório. Esse mito supõe que uma boa dose de aptidão de alta qualidade – não mera aptidão, mas talento – é desperdiçada por falta de educação; ou, por outro lado, que até mesmo um Milton em potencial acaba sendo silenciado no curso dos séculos devido à privação de educação formal, de modo que valeria a pena virar a educação do avesso para que isso não mais ocorresse. (Pode ser desconcertante conviver com muitos Miltons e Shakespeares, porém esse risco é bastante remoto.) Para fazer jus a Thomas Gray, lembremo-nos do último e mais admirável verso da quadra de seu poema, e também de que podemos ter deixado passar despercebido algum Cromwell *culpado* pelo sangue de seu país. A hipótese de que perdemos inúmeros Miltons e Cromwells por conta de nosso atraso em promover um amplo sistema público educacional não pode ser provada ou refutada: ela é bastante atraente para muitos e ardorosos espíritos reformistas.

Com isso concluo minha breve lista – que não pretendia ser exaustiva – de crenças correntes. O dogma da igualdade de oportunidades é o mais influente de todos, e é defendido com determinação por pessoas que recuariam diante do que me parecem ser suas prováveis consequências. É um ideal que só pode ser completamente alcançado quando a instituição da família não mais for respeitada, e quando o controle e a responsabilidade parentais passarem às mãos do Estado. Qualquer sistema que o ponha em prática deve perceber que vantagem alguma relacionada à condição familiar, ou advinda da previdência, do autossacrifício ou da ambição dos pais é capaz de prover a qualquer criança ou jovem uma educação superior àquela de que o sistema o considera merecedor. A popularidade dessa crença talvez indique que a falência da família tenha sido aceita, e que a desintegração das classes tenha avançado bastante. Essa desintegração das classes já havia levado a uma estima exagerada pela importância social da escola certa e do *college* certo, na universidade certa, de modo a que eles pudessem conferir um status que antes era determinado pelo nascimento, simplesmente. Em uma sociedade mais articulada – que *não* é uma sociedade na qual as classes sociais estão isoladas umas das outras, o que é em si uma espécie de decadência –, a distinção social da escola ou da faculdade certas não seria tão cobiçada, pois a posição social estaria sinalizada de outras maneiras. A inveja com relação àqueles que são "mais bem-nascidos" do que nós é uma impotente veleidade, que conta apenas com uma sombra da paixão com que as vantagens materiais são invejadas. Ninguém em sã consciência poderia ser consumido pela amargura de não ter tido ancestrais mais eminentes, pois isso seria desejar ser outra pessoa, e não o que ela é; porém a vantagem do status conferido pela educação em uma escola mais em voga é tal que podemos nos imaginar, de bom grado, tendo dela desfrutado também. A desintegração das classes induziu à expansão da inveja, que oferece abundante combustível para a chama da "igualdade de oportunidades".

Além do motivo de conceder a todos o máximo de educação, porque ela é em si mesma desejável, há outros motivos afetando a legislação educacional – motivos que podem ser louváveis, ou que simplesmente reconhecem o inevitável, e que precisamos mencionar aqui apenas para nos lembrar da complexidade da questão legislativa. Um motivo, por exemplo, para elevar o limite de idade da escolaridade compulsória é o desejo louvável de proteger o adolescente e de fortalecê-lo diante das influências mais degradantes a que ele é exposto ao se juntar às fileiras da indústria. Deveríamos ser cândidos com relação a tal motivo e, em vez de afirmar aquilo de que se deve duvidar – que todos serão beneficiados por tantos anos de instrução quanto pudermos lhes oferecer –, deveríamos admitir que as condições de vida na moderna sociedade industrial são tão deploráveis, e as restrições morais, tão frágeis, que devemos prolongar a escolaridade dos jovens simplesmente porque já esgotamos toda a nossa inteligência quanto ao que fazer para salvá-los. Em vez de nos congratularmos por nosso progresso, sempre que a escola assuma outra responsabilidade até então reservada aos pais, seria melhor que admitíssemos que chegamos a um estágio da civilização em que a família é irresponsável, incompetente ou impotente, em que não se pode esperar dos pais que eles eduquem seus filhos corretamente, em que muitos pais não são capazes de alimentá-los apropriadamente, e não saberiam como, ainda que dispusessem de meios para isso, e que a Educação deve intervir e fazer o melhor de um serviço ruim.[3]

O Sr. D. R. Hardman[4] observou que:

> A era da industrialização e da democracia levou ao fim a maior parte das grandes tradições culturais da Europa, e notavelmente a tradição da arquitetura. No mundo contemporâneo, em que a maioria era semieducada e muitos nem sequer o eram, e em que grandes fortunas e um enorme poder podiam ser obtidos pela exploração da ignorância e da fome, havia um vasto colapso cultural que se expandia da América à Europa e da Europa ao Oriente.

Isso é verdade, embora haja algumas inferências que podem ter sido feitas erroneamente. A exploração da ignorância e da fome não é uma atividade exclusiva de aventureiros comerciais em busca de grandes fortunas: ela pode ser perseguida mais a fundo e em maior

---

[3] Espero, contudo, que o leitor destas linhas tenha lido, ou venha a fazê-lo imediatamente, *The Peckham Experiment*, como um exemplo do que pode ser feito, em nosso mundo moderno, para ajudar a família a ajudar a si própria.

[4] Conforme declarou, na condição de Secretário Parlamentar para o Ministério da Educação, em 12 de janeiro de 1946, na reunião geral do Middlesex Head Teacher's Association.

escala pelos governos. O colapso cultural não é uma espécie de infecção que teve início na América, espalhou-se pela Europa e da Europa contaminou o Oriente (o Sr. Hardman talvez não quisesse ter dito isso, porém suas palavras podem ser assim interpretadas). O que importa, contudo, é lembrar que a "semieducação" é um fenômeno moderno. Em épocas anteriores não se podia dizer que a maioria era "semieducada" ou menos: as pessoas tinham a educação necessária para as funções que eram solicitadas a executar. Seria incorreto referir-se a um membro de uma sociedade primitiva, ou a um hábil trabalhador agrícola de qualquer época, como semieducado ou menos que isso. *Educação* no sentido moderno implica uma sociedade desintegrada, na qual se passou a supor que deve haver uma medida de educação segundo a qual todos são mais ou menos educados. Por conseguinte, *Educação* tornou-se uma abstração.

Uma vez que chegamos a tal abstração, distante da realidade, é fácil concluir – pois todos concordamos quanto ao "colapso cultural" – que a educação para todos é o meio que devemos empregar para juntar novamente os pedaços da civilização. Ora, enquanto utilizarmos "educação" para nos referir a tudo o que sirva para formar o bom indivíduo em uma boa sociedade, estaremos de acordo, embora a conclusão não pareça nos levar a lugar algum; porém, quando chegamos a pretender que "educação" seja aquele limitado sistema de instrução que o Ministério da Educação controla, ou se propõe a controlar, o remédio é manifesta e ridiculamente inadequado. O mesmo pode ser dito sobre a definição do propósito da educação que encontramos em *The Churches Survey Their Task*. De acordo com essa definição, educação é o processo pelo qual a comunidade busca transmitir sua cultura para todos os seus membros, incluindo os padrões segundo os quais ela os faria viver. A comunidade, nessa definição, é uma mentalidade coletiva inconsciente, muito diferente da mentalidade do Ministério da Educação, ou da Associação de Diretores Escolares, ou da mentalidade de qualquer um dos numerosos organismos dedicados à educação. Se incluirmos na definição de educação todas as influências da família e do ambiente, iremos muito além do que os educadores profissionais podem controlar – embora sua influência possa, de fato, se estender muito. Mas se pretendemos que cultura seja o que é passado adiante por nossas escolas elementares e secundárias, ou por nossas escolas públicas e preparatórias, então estamos afirmando que um órgão é todo o organismo. Afinal, as escolas podem transmitir apenas uma parte, e só podem efetivamente transmitir essa parte se as influências exteriores, não apenas da família e do ambiente, mas do trabalho e do lazer, da imprensa, dos espetáculos, do entretenimento e dos esportes, estiverem em harmonia com elas.

O erro insinua-se repetidamente por causa de nossa tendência a pensar na cultura como cultura de um grupo exclusivamente, a cultura das classes e das elites "cultas". Passamos, então, a pensar que os estratos mais humildes da sociedade apenas têm cultura na medida em que participam dessa cultura superior e mais consciente. Tratar a massa "inculta" da população como trataríamos uma tribo inocente de selvagens aos quais fôssemos impelidos a levar a fé verdadeira seria como encorajá-los a negligenciar ou desprezar aquela cultura que eles deveriam possuir e da qual a parte mais consciente da cultura extrai vitalidade; e pretender fazer com que todos compartilhem do reconhecimento dos frutos da parte mais consciente da cultura é adulterar e desvalorizar o que se oferece. Pois é condição essencial para a preservação da qualidade da cultura da minoria que ela continue sendo a cultura de uma minoria. Quantidade alguma de *Young People's Colleges* compensará a deterioração de Oxford e Cambridge e o desaparecimento daquela "mescla" que o Dr. Joad aprecia. A "cultura das massas" sempre será uma cultura substituta; e mais cedo ou mais tarde a decepção se tornará visível para os mais inteligentes daqueles sobre os quais tal cultura foi sorrateiramente imposta.

Não estou questionando a utilidade, ou ridicularizando a dignidade dos *Young People's Colleges*, ou de qualquer outra nova estrutura em particular. Na medida em que tais instituições possam ser boas, é mais provável que de fato o sejam, e não que produzam meras decepções, se estivermos francamente cientes dos limites do que pode ser feito com elas e se combatermos a ilusão de que os males do mundo moderno podem ser consertados por um sistema de instrução. Uma medida que é desejável como paliativa pode ser prejudicial se apresentada como cura. Meu ponto principal é o mesmo que tentei provar no capítulo anterior, quando falei da tendência da política de dominar a cultura, em vez de se limitar a seu lugar dentro de uma cultura. Há também o perigo de que a educação – que de fato está sob a influência da política – venha a assumir a responsabilidade da reforma e da direção da cultura, em vez de se limitar a seu lugar como uma das atividades por meio das quais a cultura se realiza. A cultura não pode ser trazida de todo à consciência; e a cultura de que estamos inteiramente conscientes nunca é o todo da cultura: a cultura efetiva é aquela que está dirigindo as atividades daqueles que estão manipulando aquilo que eles *chamam* de cultura.

Portanto, o ponto esclarecedor é este, que quanto mais a educação se arroga a responsabilidade, mais sistematicamente ela trairá a cultura. A definição do propósito da educação em The Churches Survey Their Task volta a nos afligir como risadas de hienas em um funeral. *Quando essa cultura é vista como final, tenta-se impô-la às mentes mais jovens. Quando ela é vista como um estágio no desenvolvimento, as mentes mais jovens são treinadas para recebê-la e aperfeiçoá-la.* Essas são frases indulgentes que reprovam nossos ancestrais culturais – incluindo os da Grécia, de Roma, da Itália e da França –, que não tinham noção alguma da medida em que sua cultura seria aperfeiçoada depois da Oxford Conference on Church, Community and State de 1937. Sabemos agora que os maiores feitos do passado, em arte, sabedoria, santidade, não eram senão "estágios de um desenvolvimento" que podemos ensinar nossos jovens a aperfeiçoar. Não devemos treiná-los apenas a receber a cultura do passado, pois isso seria ver a cultura do passado como final. Não devemos impor a cultura sobre os mais jovens, embora possamos impor sobre eles qualquer filosofia política e social que esteja em voga. Ainda assim, a cultura da Europa deteriorou-se visivelmente na memória de muitos que não são de maneira alguma os mais velhos entre nós. E sabemos que, possa a educação fomentar e aperfeiçoar a cultura, ou não, ela certamente pode adulterá-la e degradá-la. Pois não há dúvidas de que em nossa pressa impetuosa para educar a todos estamos rebaixando nossos padrões, além de estarmos, cada vez mais, abandonando o estudo daquelas matérias mediante as quais o essencial de nossa cultura – aquela parte dela que é transmissível pela educação – é transmitido; estamos destruindo nossas construções milenares para preparar o solo sobre o qual os nômades bárbaros do futuro acamparão suas caravanas mecanizadas.

O parágrafo anterior deve ser considerado apenas um floreio incidental para dar vazão aos sentimentos do escritor e talvez de alguns poucos de seus leitores mais receptivos. Já não é mais possível, como talvez fosse cem anos atrás, encontrar consolação na tristeza profética; e tal meio de escape trairia as intenções deste ensaio, tal como declaradas em minha introdução. Se o leitor chegar a concordar que o tipo de organização da sociedade que indiquei é provavelmente o mais favorável ao crescimento e à sobrevivência de uma cultura superior, ele deveria, então, considerar se os *meios* são eles mesmos desejáveis enquanto *fins*: pois defendi que não podemos nos dedicar diretamente a criar ou aperfeiçoar a cultura – podemos apenas dispor dos meios que são favoráveis à cultura, e para fazer isso, devemos estar convencidos de que esses meios são socialmente desejáveis em si mesmos. E para além desse ponto, devemos começar a considerar o quanto essas condições da cultura são possíveis, ou mesmo, em uma situação particular em um tempo particular, compatíveis com todas as necessidades imediatas e urgentes de uma emergência. Pois se há algo que se deve evitar é um planejamento *universal*; e algo a ser determinado são os limites do que é planejável. Minha investigação, portanto, voltou-se para o significado da palavra "cultura": de forma que todos devem ao menos parar para examinar o que essa palavra significa para eles, e o que ela significa para eles em cada contexto particular, antes de usá-la. Mesmo essa modesta aspiração pode, se realizada, ter consequências sobre a política e a conduta de nossas iniciativas "culturais".

Apêndice

A Unidade da Cultura Europeia

I

Esta é a primeira vez que me dirijo a uma audiência de língua alemã, e antes de falar sobre um assunto tão abrangente creio que eu deveria apresentar minhas credenciais. Afinal, a unidade da cultura europeia é um assunto deveras abrangente, e ninguém deveria tentar tratar dele a não ser que tenha algum conhecimento ou alguma experiência particular. Portanto, dever-se-ia começar por esse conhecimento e essa experiência e mostrar que relação eles têm com o tema geral. Sou poeta e crítico de poesia; também fui, de 1922 a 1939, editor de uma revista trimestral. Nesta primeira conversa, tentarei mostrar o que a primeira dessas duas profissões tem a ver com meu assunto e que conclusões minha experiência levou-me a extrair. De modo que esta é uma série de conferências sobre a unidade da cultura europeia do ponto de vista de um homem de letras.

Já se afirmou muitas vezes que o inglês, de todas as línguas da Europa moderna, é a mais rica para os propósitos de escrever poesia. Penso que essa alegação é justificada. Mas reparem, por favor, que quando digo "a mais rica para os propósitos de escrever poesia", sou cuidadoso com minhas palavras: não quero dizer que a Inglaterra produziu os maiores poetas, ou a maior quantidade de grande poesia. Isso é uma questão inteiramente diferente. Em outras línguas existem poetas tão grandiosos quanto os ingleses: Dante é certamente maior do que Milton, e pelo menos tão grandioso quanto Shakespeare. E mesmo em relação à quantidade de grande poesia, não estou preocupado em sustentar que a Inglaterra produziu mais do que os outros. Digo simplesmente que a língua inglesa é o mais extraordinário veículo que o poeta pode manipular. Ela tem o maior vocabulário: tão vasto que seu domínio por qualquer poeta parece escasso em comparação com sua riqueza total. Essa não é, entretanto, a razão pela qual ela é a mais rica língua para a poesia: essa é apenas uma consequência da verdadeira razão. A razão, penso, é a variedade dos elementos dos quais o inglês é composto. Primeiro, é claro, há seu alicerce germânico, o elemento que vocês e nós temos em comum. Em seguida, encontramos um considerável elemento escandinavo, devido, em primeiro lugar, à conquista dinamarquesa. Há, ainda, o elemento franco-normando, posterior à conquista normanda. Depois disso, segue-se uma sucessão de influências francesas, rastreáveis através de palavras adotadas em diferentes períodos. O século XVI testemunhou um grande aumento de novas palavras cunhadas do latim; e o desenvolvimento da língua desde o início do XVI até meados do XVII foi em grande parte um processo de testar novas palavras latinas, assimilando algumas e rejeitando outras. E há outro elemento no inglês, não tão fácil de rastrear, mas que julgo ser de considerável importância, o celta. Em toda essa história, não estou pensando, entretanto, apenas nas Palavras; estou pensando, em matéria de poesia, primeiramente nos Ritmos. Cada uma dessas línguas trouxe sua própria música – e a riqueza da língua inglesa para a poesia está, primeiramente, em sua variedade de elementos métricos. Há o ritmo do antigo verso saxão, o ritmo do francês normando, o ritmo do galês, e também a influência de gerações de estudo da poesia latina e grega. Ainda hoje, a língua inglesa goza de constantes possibilidades de revigoramento a partir de seus inúmeros centros: além do vocabulário, poemas de ingleses, galeses, escoceses e irlandeses, todos escritos em inglês, continuam a apresentar diferenças em sua Música.

Não me dei ao trabalho de me dirigir a vocês para exaltar a minha própria língua; minha razão para discuti-la é que creio que o inglês seja uma língua tão boa para a poesia por ele ser um composto de muitas fontes europeias diferentes. Como eu disse, isso não implica que a Inglaterra tenha produzido os maiores poetas. A arte, como disse Goethe, tem limitações: e um grande poeta é aquele que extrai o máximo da língua que lhe é dada. O poeta verdadeiramente grande faz de sua língua uma grande língua. É verdade, no entanto, que tendemos a pensar em cada um dos grandes povos como sobressaindo em uma arte específica: a Itália e depois a França na pintura, a Alemanha na música, e a Inglaterra na poesia. Porém, em primeiro lugar, nenhuma arte jamais foi possessão exclusiva de qualquer país da Europa. Em segundo lugar, houve períodos em que outros países que não a Inglaterra assumiram a liderança na poesia. Por exemplo, nos anos finais do século XVIII e no primeiro quarto do XIX, o movimento romântico na Inglaterra certamente era dominante. Entretanto, na segunda metade do século XIX, a maior contribuição para a poesia europeia foi certamente realizada na França. Refiro-me à tradição que começa com Baudelaire e culmina em Paul Valéry. Ouso dizer que sem essa tradição francesa o trabalho de três poetas em outras línguas, os três muito diferentes entre si – refiro-me a W. B. Yeats, Rainer Maria Rilke e, se me permitem, a mim mesmo –, dificilmente seria concebível. Além do mais, tais influências literárias são tão intrincadas que devemos lembrar que esse mesmo movimento francês deveu muito a um americano de origem irlandesa: Edgar Allan Poe. Mesmo quando um país e sua língua lideram todos os outros, não devemos supor que os poetas a quem isso se deve são necessariamente os maiores poetas. Já mencionei o movimento romântico na Inglaterra. Naquele tempo, contudo, Goethe estava escrevendo. Não conheço padrão algum segundo o qual se poderia medir a grandeza relativa de Goethe e Wordsworth enquanto poetas, porém o conjunto da obra de Goethe tem um escopo que faz dele um homem maior. E nenhum poeta inglês contemporâneo de Wordsworth pode ser comparado a Goethe sob hipótese alguma.

Fui conduzido a outra importante verdade sobre a poesia na Europa, a saber, que nenhuma nação, nenhuma língua, teria alcançado o que alcançou se a mesma arte não fosse cultivada nos países vizinhos e em línguas diferentes. Não podemos entender nenhuma das literaturas europeias sem considerável conhecimento das outras. Quando examinamos a história da poesia na Europa, encontramos um tecido de influências entrelaçado em todas as direções. Existiram bons poetas que não conheciam outra língua a não ser a sua própria, porém eles foram expostos a influências incorporadas e disseminadas por outros escritores entre seu próprio povo. Ora, a possibilidade de que cada literatura se renove, passando a uma nova atividade criativa, fazendo novas descobertas no uso das palavras, depende de duas coisas. Primeiro, de sua habilidade para receber e assimilar influências do exterior. Segundo, de sua habilidade para voltar e aprender com suas próprias fontes. Quanto à primeira, quando os diversos países da Europa estão isolados uns dos outros, quando os poetas não mais leem nenhuma outra literatura que aquela escrita em sua própria língua, a poesia em cada um desses países há de se deteriorar. Quanto à segunda, quero chegar a este ponto em especial: que toda literatura deve ter certas fontes que lhe são peculiares, profundamente estabelecidas em sua própria história; mas também importantes, e ao menos igualmente, são as fontes que compartilhamos: ou seja, a literatura de Roma, da Grécia e de Israel.

Há uma questão que deve ser levantada neste ponto, e à qual devemos responder. E quanto às influências de fora da Europa, da grande literatura asiática?

Na literatura da Ásia, encontra-se grande poesia. Há também uma profunda sabedoria e alguma metafísica de grande dificuldade; por ora, no entanto, estou preocupado apenas com a poesia. Não tenho conhecimento algum sobre as línguas árabe, persa e chinesa. Há muitos anos estudei as antigas línguas indianas, e embora na época eu estivesse interessado principalmente em filosofia, li também um pouco de poesia; e sei que minha própria poesia apresenta a influência do pensamento e da sensibilidade indianos. Mas, em geral, os poetas não são especialistas no Oriente – eu mesmo nunca fui; e a influência da literatura oriental sobre os poetas em geral se dá através de traduções. Que houve alguma influência da poesia do Oriente no último século e meio é inegável: para falar apenas da poesia inglesa, e de nosso tempo, as traduções poéticas do chinês feitas por Ezra Pound, e também aquelas feitas por Arthur Waley, foram provavelmente lidas por todos os poetas que escrevem em inglês. É óbvio que através de intérpretes individuais, com talento especial para apreciar uma cultura distante, toda literatura pode influenciar qualquer outra, e enfatizo esse ponto. Afinal, quando falo da unidade da cultura europeia, não quero dar a impressão de que encaro a cultura europeia como algo isolado de todo o resto. As fronteiras da cultura não são e não devem ser fechadas. A história, porém, faz diferença. Aqueles países que compartilham grande parte de sua história são os mais importantes uns para os outros no que diz respeito a sua literatura futura. Temos nossos clássicos em comum, gregos e romanos; temos um clássico em comum mesmo em nossas diversas traduções da Bíblia.

O que eu disse sobre a poesia é, creio, verdadeiro para as outras artes também. O pintor ou o compositor talvez gozem de uma liberdade ainda maior, pois não estão limitados por uma língua em particular, falada apenas em uma parte da Europa: mas na prática de cada arte penso que se encontram os mesmos três elementos: a tradição local, a tradição europeia comum e a influência da arte de um país europeu sobre o outro. Coloco isso apenas como sugestão. Devo me limitar à arte sobre a qual conheço mais. Na poesia, ao menos, nenhum país pode ser altamente criativo de modo sistemático por um período indefinido. Cada país deve ter seus períodos secundários, quando não ocorre nenhum novo desenvolvimento extraordinário:

então o centro de atividade se moverá de um lado para o outro, entre um e outro país. E em matéria de poesia não existe originalidade completa que nada deva ao passado. Sempre que um Virgílio, um Dante, um Shakespeare ou um Goethe nascem, todo o futuro da poesia europeia é alterado. Quando um grande poeta vive, certas coisas são realizadas de uma vez por todas e não podem ser alcançadas novamente; por sua vez, contudo, todo grande poeta acrescenta alguma coisa ao sistema material com que a poesia futura será escrita.

Até agora tenho falado sobre a unidade da cultura europeia conforme exemplificada pelas artes e, dentre as artes, pela única de que estou qualificado para falar. Da próxima vez quero falar sobre a unidade da cultura europeia de acordo com o exemplo das ideias. Mencionei no início que, durante o período entre as guerras, editei uma revista trimestral. Minha experiência nesse cargo e minhas reflexões sobre ele oferecerão um ponto de partida para minha próxima fala.

II

Mencionei em minha última fala que fundei e editei, entre as guerras, uma revista literária. Mencionei isso, primeiramente, como uma das minhas qualificações para falar sobre este assunto geral. A história de tal revista também ilustra, porém, alguns dos pontos a que quero chegar. Espero, então, que, depois de lhes contar um pouco sobre ela, vocês comecem a ver sua relevância para o tema destas conferências.

Produzimos o primeiro número dessa revista no outono de 1922 e decidimos dar um fim a ela com o primeiro número do ano de 1939. Logo, vocês podem perceber que sua existência cobriu quase todo o período que chamamos de anos de paz. Exceto por um período de seis meses durante os quais eu fiz o experimento de produzi-la mensalmente, sua publicação dava-se quatro vezes ao ano. Quando fundei essa revista, eu tinha como objetivo reunir o melhor do novo pensamento e da nova escrita da época, de todos os países da Europa que tinham algo a contribuir para o bem comum. É claro que ela foi destinada principalmente aos leitores ingleses, e, portanto, todas as contribuições estrangeiras tinham de ser publicadas em tradução para o inglês. Pode haver um papel para as revistas publicadas em duas ou mais línguas, e em dois ou mais países simultaneamente. Ainda assim, mesmo tais revistas, buscando contribuições por toda a Europa, devem conter partes traduzidas, se há a pretensão de que sejam lidas por todos. Elas também não podem tomar o lugar daqueles periódicos que circulam em cada país e que se destinam principalmente aos leitores daquele país. Minha revista, portanto, era um periódico inglês comum, apenas de escopo internacional. Procurei, assim, descobrir primeiro quem eram os melhores escritores, desconhecidos ou pouco conhecidos fora de seu próprio país, cujo trabalho merecia ser mais amplamente conhecido. Em seguida, tentei estabelecer relações com aqueles periódicos literários no exterior cujos objetivos correspondiam mais aproximadamente aos meus. Menciono, como exemplos, a *Nouvelle Revue Française* (editada por Jacques Rivière e, subsequentemente, por Jean Paulhan), a *Neue Rundschau*, a *Neue Schweizer Rundschau*, a *Revista de Occidente* na Espanha, *Il Convegno* e outras na Itália. Essas conexões desenvolveram-se muito satisfatoriamente, e nenhum dos editores em questão teve culpa alguma se elas posteriormente pereceram. Ainda sou da opinião, 23 anos depois de ter começado, e sete anos depois de eu ter terminado, que a existência de tal rede de revistas independentes, ao menos uma em cada capital da Europa, é necessária para a transmissão de ideias – e para tornar possível a circulação de ideias enquanto elas ainda estão frescas. Os editores dessas revistas e, se possível, os colaboradores mais regulares deveriam poder se conhecer pessoalmente, visitar uns aos outros, recepcionar uns aos outros e trocar ideias por meio da conversa. Em nenhum desses periódicos, é claro, deve haver muito que será de interesse apenas dos leitores de sua própria nação e de sua própria língua. Sua cooperação, porém, deve estimular continuamente essa circulação de influências no pensamento e na sensibilidade entre as nações e nações da Europa, que fertiliza e renova, do exterior, a literatura de cada uma delas. E por essa cooperação, e pela decorrente amizade entre os homens de letras, deve emergir ao alcance público aquelas obras de literatura que são de importância não apenas local, mas europeia.

No entanto, o ponto a que quero chegar com minha fala sobre os objetivos da revista que está extinta há sete anos é que, ao fim, eles falharam. E atribuo tal fracasso sobretudo ao fechamento gradual das fronteiras mentais da Europa. Um tipo de autarquia cultural seguiu-se inevitavelmente à autarquia política e econômica. Isso não interrompeu apenas as comunicações: creio que teve um efeito entorpecente sobre a atividade criativa dentro de cada país. A praga recaiu primeiro sobre nossos amigos na Itália. E depois de 1933 nossos colaboradores da Alemanha tornaram-se mais e mais difíceis de encontrar. Alguns de nossos amigos morreram; alguns desapareceram; alguns apenas se calaram. Alguns foram para o exterior, arrancados de suas próprias raízes culturais. Um dos últimos a ser encontrado e o último a se perder foi aquele grande crítico e bom europeu que morreu alguns meses atrás: Theodor Haecker. E, de tudo o que li de autores alemães na década de 1930, de autores que até então eu desconhecia, formei a opinião de que os mais novos escritores alemães tinham cada vez menos a dizer para a Europa, de que cada vez mais o que eles diziam só podia ser compreendido, se é que podia ser compreendido de todo, na Alemanha. O que aconteceu na Espanha é mais confuso; o tumulto da guerra civil foi pouco favorável para o pensamento e para a escrita criativa; e a guerra dividiu e dispersou, mesmo quando não destruiu, muitos de seus mais hábeis escritores. Na França ainda existia atividade intelectual livre, porém cada vez mais acossada e limitada pelas inquietações e pelos maus pressentimentos políticos, bem como pelas divisões internas que as predisposições políticas determinaram. A Inglaterra, embora manifestasse alguns sintomas da mesma doença, permaneceu aparentemente intacta. Creio, contudo, que nossa literatura do período sofreu por estar cada vez mais restrita a suas próprias fontes, assim como pela obsessão com a política.

Agora, o primeiro comentário que eu tenho a fazer sobre essa história de uma revista literária que claramente falhou em seu propósito vários anos antes de os eventos a levarem ao fim é este: uma preocupação universal com a política não une, divide. Ela une aquelas pessoas inclinadas para a política e que concordam, através das fronteiras das nações, em sua oposição a algum outro grupo internacional que sustenta posições contrárias. Contudo, ela tende a destruir a unidade cultural da Europa. *The Criterion* – esse é o nome da revista que editei – tinha, penso eu, um caráter bem definido e coeso, embora seus colaboradores fossem homens das mais diversas visões políticas, sociais e religiosas. Penso também que ela tinha uma congenialidade definida em relação aos periódicos estrangeiros com que se associou. A questão das visões políticas, sociais ou religiosas de um autor simplesmente não entrava em nossas ponderações, ou nas de nossos colegas estrangeiros. O que era sua base comum, tanto em casa quanto no exterior, não é fácil de definir. Naqueles dias, era desnecessário formulá-la; no presente, isso se tornou impossível. Eu deveria dizer que era uma preocupação comum com o mais alto nível tanto do pensamento quanto da expressão, que era uma curiosidade e uma abertura comum com relação às novas ideias. As ideias com que não se concordava, as opiniões que não se podia aceitar, eram tão importantes quanto aquelas que se consideravam imediatamente aceitáveis. Elas eram examinadas sem hostilidade, e com a segurança de que se podia aprender com elas. Em outras palavras, podíamos tomar por certo um interesse, um prazer, nas ideias por si só, no livre jogo do intelecto. E penso que havia também, entre nossos principais colaboradores e colegas, algo que não era tanto uma crença conscientemente sustentada, mas uma pressuposição inconsciente. Algo de que jamais se duvidara, e que, portanto, não era necessário elevar ao nível da afirmação consciente. Era a suposição de que existia uma fraternidade internacional entre os homens de letras, dentro da Europa: um laço que não substituía as lealdades nacionais e religiosas e as diferenças na filosofia política, mas que era perfeitamente compatível com elas. E que era nossa tarefa não tanto fazer com que quaisquer ideias em particular prevalecessem mas sobretudo manter a atividade intelectual no mais alto nível.

Não acho que *The Criterion*, em seus anos derradeiros, tenha correspondido completamente às expectativas desse ideal. Creio que nos últimos anos a revista tendeu a refletir um ponto de vista particular, em vez de ilustrar uma variedade de visões nesse plano. Não acho, porém, que isso tenha sido de todo culpa do editor: penso que ocorreu em parte devido à pressão das circunstâncias de que falei.

Não estou alegando que a política e a cultura não têm nada a ver uma com a outra. Se elas pudessem ser mantidas completamente separadas, o problema poderia ser muito mais simples do que é. A estrutura política de uma nação afeta sua cultura e é, por outro lado, afetada pela cultura. Mas, hoje em dia, interessamo-nos muito pela política nacional uns dos outros, e, ao mesmo tempo, estabelecemos muito pouco contato com as respectivas culturas. A confusão entre cultura e política pode levar a duas direções diferentes. Ela pode tornar uma nação intolerante com relação a qualquer cultura que não a sua, de forma que ela se sentirá impelida a reprimir, ou remodelar, toda cultura que a cerca. Um erro da Alemanha de Hitler foi supor que qualquer outra cultura que não a da Alemanha fosse decadente ou bárbara. Ponhamos um fim a tal suposição. A outra direção a que a confusão entre cultura e política pode levar é a do ideal de um estado global em que haverá, por fim, apenas uma cultura mundial uniforme. Não estou criticando, aqui, quaisquer esquemas de organização mundial. Tais esquemas pertencem ao plano da engenharia, do desenvolvimento de maquinaria; a maquinaria é necessária, e quanto mais perfeita a máquina, melhor. A cultura, porém, é algo que deve crescer; não se pode construir uma árvore, pode-se apenas plantá-la, cuidar dela e esperar que ela amadureça no tempo devido; e quando ela estiver crescida, não se deve reclamar ante a descoberta de que do fruto de um carvalho surgiu um carvalho, e não um olmeiro. Uma estrutura política é parte construção e parte crescimento; parte maquinaria – e a mesma maquinaria, se for boa, é igualmente boa para todas os povos – e parte crescimento com e a partir de uma cultura nacional, e com respeito a isso, diferente daquela de outras nações. Para a saúde de uma cultura europeia, duas condições são necessárias: que a cultura de cada país seja única, e que as diferentes culturas reconheçam suas relações mútuas, de forma que cada uma seja suscetível à influência das outras. E isso é possível porque há um elemento comum na cultura europeia, uma história do pensamento, do sentimento e do comportamento, que está interconectada, um intercâmbio de artes e de ideias.

Em minha última conferência, tentarei definir esse elemento comum mais detidamente: e creio que isso irá requerer que eu fale um pouco mais sobre o significado que dou à palavra que tenho usado com tanta constância: "Cultura".

III

Ao fim de minha segunda conferência, declarei que eu desejaria tornar mais claro o que quero dizer quando uso o termo "cultura". Como "democracia", trata-se de um termo que precisa ser não apenas definido, mas explicado, quase toda vez que o usamos. É necessário ser claro quanto ao que queremos dizer com "cultura", para que possamos ser claros quanto à distinção entre a organização material da Europa e o organismo espiritual da Europa. Se o último morre, então o que se irá organizar não será a Europa, mas apenas uma massa de seres humanos falando muitas línguas diferentes. E não mais haverá qualquer justificativa para que se continue a falar línguas diferentes, pois não mais haverá qualquer coisa a dizer que não possa ser dita tão bem em qualquer língua: em suma, não haverá mais nada a dizer em poesia. Já afirmei que não pode haver uma cultura "europeia" se os diversos países estiverem isolados uns dos outros: acrescento agora que não pode haver uma cultura europeia se esses países forem reduzidos à singularidade. Precisamos de variedade na unidade: não a unidade de organização, mas a unidade de natureza.

Por "cultura", então, quero dizer, acima de tudo, o mesmo que os antropólogos: o modo de vida de um povo específico, que vive junto em um lugar. Essa cultura torna-se visível em suas artes, em seu sistema social, em seus hábitos e costumes, em sua religião. Tais coisas somadas, porém, não constituem a cultura, embora frequentemente falemos por conveniência como se o fizessem. Tais coisas são simplesmente as partes em que uma cultura pode ser dissecada, como um corpo humano. Assim, porém, como um homem é mais do que um ajuntamento das várias partes constituintes de seu corpo, também uma cultura é mais do que o ajuntamento de suas artes, costumes e crenças religiosas. Todas essas coisas agem umas sobre as outras, e para entender inteiramente uma delas, é necessário entender todas. Contudo, há, é claro, culturas mais e menos elevadas, e as mais elevadas geralmente se distinguem pela diferenciação de funções, de forma que se pode falar dos estratos mais cultivados e menos cultivados de uma sociedade, e, por fim, pode-se falar de indivíduos como sendo excepcionalmente cultivados. A cultura de um artista ou de um filósofo é distinta daquela de um mineiro ou de um camponês; a cultura de um poeta será algo diferente da de um político; mas em uma sociedade saudável todas essas são partes da mesma cultura; e o artista, o poeta, o filósofo, o político e o trabalhador terão uma cultura em comum, que eles não compartilham com outras pessoas da mesma ocupação em outros países.

Ora, é óbvio que uma unidade de cultura é aquela do povo que vive junto e fala a mesma língua: porque falar a mesma língua significa pensar e sentir e ter emoções de maneira bastante diferente de povos que usam uma língua diferente. Entretanto, as culturas de povos diferentes afetam, sim, umas às outras: no mundo do futuro, parece que cada parte do mundo afetará todas as outras partes. Sugeri anteriormente que as culturas dos diferentes países da Europa obtiveram, no passado, grande benefício de sua influência mútua. Sugeri que a cultura nacional que se isola voluntariamente, ou a cultura nacional que é isolada das outras por circunstâncias que não pode controlar, sofre com tal isolamento. E mais: que o país que recebe cultura do exterior, sem ter nada para dar em troca, e o país que pretende impor sua cultura aos outros, sem aceitar nada em troca, sofrerão, ambos, com essa falta de reciprocidade.

Há algo mais do que um intercâmbio geral de influências culturais, no entanto. Não se pode sequer tentar comercializar igualmente com todas as outras nações: haverá algumas que precisam do tipo de bem que você produz mais do que outras, haverá algumas que produzem os bens de que você mesmo precisa, e outras que não o fazem. Também as culturas dos povos que falam línguas diferentes podem ser mais ou menos intimamente relacionadas: e, algumas vezes, tão intimamente relacionadas que podemos falar de uma cultura comum. Agora, quando falamos de uma "cultura europeia", falamos de identidades que podemos descobrir nas várias culturas nacionais; e, é claro, mesmo dentro da Europa, algumas culturas estão mais intimamente relacionadas do que outras. Além disso, uma cultura dentro de um grupo de culturas pode estar intimamente relacionada, de lados diferentes, a duas culturas que não estão intimamente relacionadas entre si. Nossos primos não são todos primos uns dos outros, pois alguns vêm do lado do pai, e outros, do lado da mãe. Ora, assim como me recusei a considerar a cultura da Europa simplesmente como sendo a soma de um número de culturas não relacionadas na mesma área, também me recusei a separar o mundo em grupos culturais inteiramente não relacionados; recusei-me a estabelecer qualquer linha absoluta entre Oriente e Ocidente, entre Europa e Ásia. Existem, porém, certos traços comuns na Europa que tornam possível falar de uma cultura europeia. Quais são eles?

A força dominante na criação de uma cultura comum entre povos que têm culturas distintas é a religião. Por favor, não cometam o erro, neste ponto, de antecipar o que eu quero dizer. Esta não é uma conferência religiosa, e não estou tentando converter ninguém. Simplesmente afirmo um fato. Não estou muito preocupado com a comunhão dos cristãos hoje; estou falando sobre a tradição comum do cristianismo que fez da Europa o que ela é, e sobre os elementos culturais comuns que esse cristianismo comum trouxe consigo. Se a Ásia fosse convertida ao cristianismo amanhã, não iria com isso se tornar parte da Europa. Foi no cristianismo que as nossas artes se desenvolveram; foi no cristianismo que as leis da Europa estiveram – até recentemente – enraizadas. É tendo o cristianismo como fundamento que todo o nosso pensamento tem significância. Um indivíduo europeu pode não acreditar que a fé cristã seja verdadeira, e, ainda assim, o que ele diz, faz e produz, tudo isso será fruto de sua herança da cultura cristã e dependerá dessa cultura para ter significado. Apenas uma cultura cristã poderia ter produzido um Voltaire ou um Nietzsche. Não acredito que a cultura da Europa poderia sobreviver ao completo desaparecimento da fé cristã. E estou convencido disso, não apenas porque eu mesmo sou cristão, mas enquanto estudioso da biologia social. Se o cristianismo se for, toda a nossa cultura irá com ele. Então será preciso começar de novo, dolorosamente, e não se pode vestir uma nova cultura pronta. É preciso esperar que a grama cresça para alimentar as ovelhas que darão a lã de que seu novo casaco será feito. É preciso passar por muitos séculos de barbárie. Provavelmente, não viveremos para ver a nova cultura, tampouco a verão nossos tataranetos: e se a víssemos, nenhum de nós seria feliz nela.

À nossa herança cristã devemos muitas coisas além de nossa fé religiosa. Através dela rastreamos a evolução de nossas artes; através dela temos nossa concepção de lei romana que tanto fez para moldar o mundo ocidental; através dela temos nossa concepção de moralidade pública e privada. E através dela temos nossos padrões comuns de literatura, nas literaturas da Grécia e de Roma. O mundo ocidental tem sua unidade nessa herança, no cristianismo e nas antigas civilizações da Grécia, de Roma e de Israel, das quais, devendo muito a 2 mil anos de cristianismo, rastreamos nossa ascendência. Não aprofundarei esse ponto. O que quero dizer é que essa unidade nos elementos comuns da cultura, através de muitos séculos, é o verdadeiro laço que nos une. Nenhuma organização política ou econômica, não importa o quanto ela conduza à cooperação, pode oferecer o que essa unidade cultural nos dá. Se dissiparmos ou descartarmos nosso patrimônio cultural comum, então toda organização e todo planejamento das mais engenhosas mentes não serão capazes de nos ajudar ou nos aproximar.

A unidade cultural, em contraste com a unidade da organização política, não requer de todos nós apenas uma lealdade: ela significa que haverá uma variedade de lealdades. É errado defender que o único dever do indivíduo seja para com o Estado; é irreal defender que o dever supremo de cada indivíduo seja para com um Superestado. Darei um exemplo do que quero dizer com uma variedade de lealdades. Nenhuma universidade deve ser apenas uma instituição nacional, mesmo se ela for amparada por uma nação. As universidades da Europa deveriam ter seus ideais comuns, deveriam ter obrigações umas com as outras. Elas deveriam ser independentes dos governos dos países em que estão situadas. Elas não deveriam ser instituições para a formação de uma burocracia eficiente, ou para preparar cientistas para que superem os cientistas estrangeiros; deveriam, antes, representar a preservação do conhecimento, a busca da verdade e, tanto quanto os homens são capazes de fazê-lo, o alcance da sabedoria.

Há muito mais que eu gostaria de dizer nesta última conferência, porém, agora devo ser breve. Meu último apelo é para os homens de letras da Europa, que têm uma responsabilidade especial pela preservação e pela transmissão de nossa cultura comum. Podemos defender visões políticas muito diferentes: nossa responsabilidade é preservar nossa cultura comum, sem a contaminação por influências políticas. Não é uma questão de sentimento: não importa tanto se gostamos uns dos outros, ou se elogiamos os escritos uns dos outros. O que importa é que deveríamos reconhecer nossa relação e mútua dependência. O que importa é nossa incapacidade, se não tivermos uns aos outros, de produzir aquelas obras supremas que marcam uma civilização superior. No presente, não podemos nos comunicar muito uns com os outros. Não podemos nos visitar como indivíduos; se conseguimos viajar, isso se dá apenas por meio de agências governamentais, e em serviço oficial. Contudo, podemos ao menos tentar salvar alguma coisa daqueles bens de que somos depositários comuns; o legado da Grécia, de Roma e de Israel – e o legado da Europa ao longo dos últimos 2 mil anos. Em um mundo que testemunhou tanta devastação material quanto o nosso, tais possessões espirituais também correm perigo iminente.

Você também pode interessar-se por:

A POMBA ESCURA

EUGENE WEBB

O Sagrado e o Secular na Literatura Moderna

O sagrado exerce uma enorme força na vida humana e é na literatura imaginativa, mais do que nos tratados filosóficos, que ele encontra a melhor expressão. Neste livro, Eugene Webb estuda a presença do sagrado nas obras de Ibsen, Beckett, Rilke, Joyce, Thomas Mann e T. S. Eliot, entre outros. Segundo ele, é a esse tipo de autor que devemos a possível profundidade de nossas vidas.

Do mesmo autor, leia também:

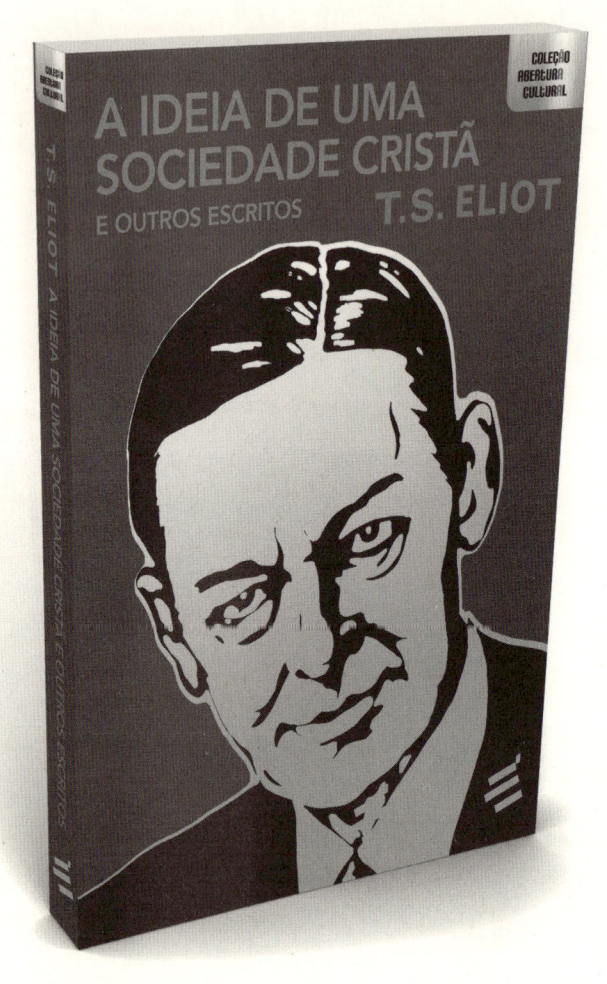

Conhecemos o Eliot poeta, mas em *A Ideia de uma Sociedade Cristã*, podemos apreciar a obra ensaística do grande escritor norte-americano que se ocupa de uma temática particular: o que tem a fé cristã a dizer sobre aspectos como a sociedade e a política? As conferências que T. S. Eliot apresentou em Cambridge, em março de 1939, estão no campo da crítica social. Eliot não endossa "qualquer forma política particular"; defende apenas "qualquer Estado que seja adequado para uma Sociedade Cristã". Também não defende um Estado "em que os mandatários fossem escolhidos em virtude de suas qualificações e menos ainda de sua eminência como cristãos". O cristianismo não deve ser imposto ao povo pelo governo; pelo contrário, o "temperamento e as tradições do povo" devem ser suficientemente cristãos para impor aos políticos "uma estrutura cristã na qual seja possível realizar suas ambições e fazer avançar a prosperidade e o prestígio de seu país".

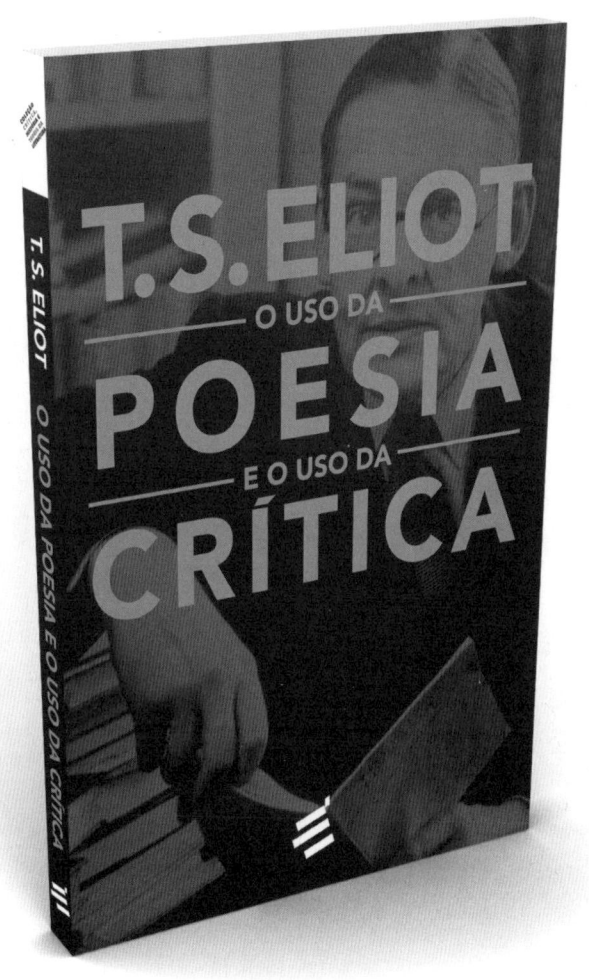

Uso da Poesia e o Uso da Crítica reúne as conferências Norton, proferidas por T. S. Eliot em Havard em 1932-33, nas quais Eliot procura responder as seguintes perguntas: O que é poesia? O que ela faz ou deve fazer? Para que ela serve? Qual é a relação entre poesia e crítica? Vemos nestas páginas o poeta refletir a respeito de seu próprio ofício, numa apresentação bastante estimulante da poesia em geral e, em particular, de poetas como Dryden, Wordsworth, Coleridge, Shelley, Keats.

Para saber mais sobre T. S. Eliot:

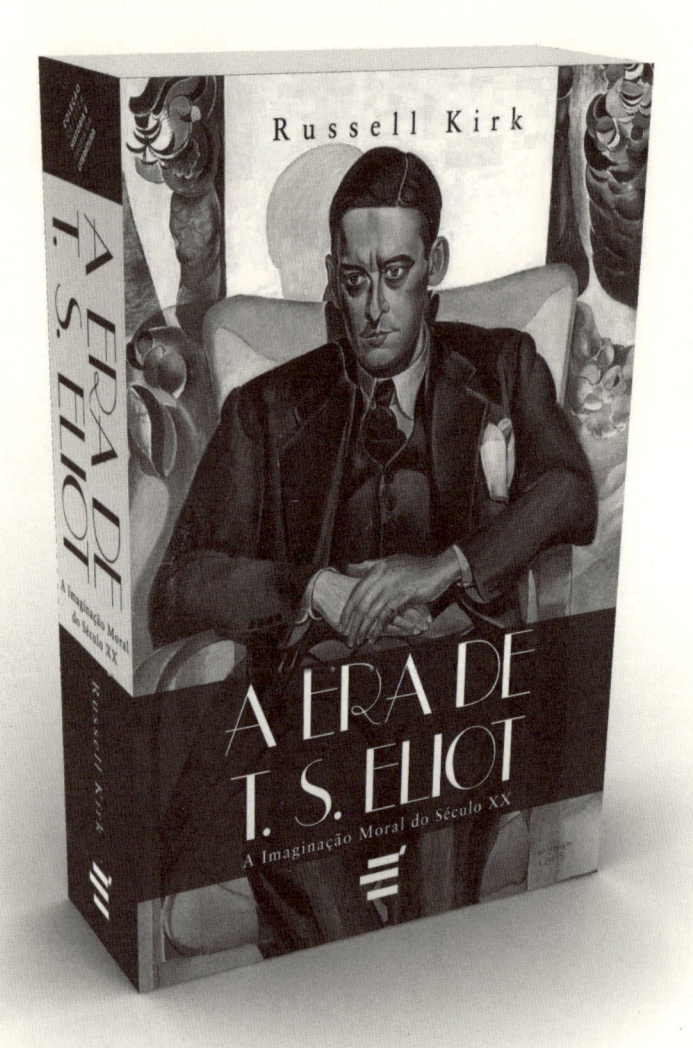

Este livro é a melhor introdução à vida, às ideias e às obras literárias de T. S. Eliot. A clara percepção de Russell Kirk dos escritos de Eliot é enriquecida com uma leitura abrangente dos autores que mais influenciaram o poeta, bem como por experiências e convicções similares. Kirk segue o curso das ideias políticas e culturais de Eliot até as verdadeiras fontes, mostrando o equilíbrio e a sutileza de seus pontos de vista.

facebook.com/erealizacoeseditora
twitter.com/erealizacoes
instagram.com/erealizacoes
youtube.com/editorae
issuu.com/editora_e
erealizacoes.com.br
atendimento@erealizacoes.com.br